WYNY ECU **KUNST**BIOGRAFISCHES

Mit Form- und Farbanalysen

WYNY ECU

KUNSTBIOGRAFISCHES
Mit Form- und Farbanalysen

Kunsterlebnis
Formverständnis
Lebensfrage
Farbanwendung

Mit

61 Abbildungen

Impressum

© Wyny Ecu, Berlin, 2004
Covergestaltung und Layout: Wyny Ecu
© Wyny Ecu, Erfindung des Europid, 1983

Für die freundliche Genehmigung, Fotos und Briefe abdrucken zu dürfen, danke ich dem
Rudolf-Belling-Archiv, München

Alle Analysen und Fotos sind aus meinem Privatbesitz.

Für die Farbangabe 2003 danke ich der Firma Schmincke & Co, Düsseldorf.

Herstellung und Verlag: Books on Demand GmbH, Norderstedt
ISBN 3-8334-0986-X

Inhalt

I. Kunsterlebnis, 1931-1952

Der wissenschaftlichen Hypothese folgend, entstand der Urknall durch explosionsartige Gase und ließ unser Sonnensystem entstehen. Aus dem Weltall einströmende Aminosäuren hätten dann die biologische Entwicklung auf der Erde ermöglicht.

Die angenommene Ausdehnung irritiert, so wurden anscheinend weder der Erdtrabant noch andere Planeten unseres Systems von diesem Geschehen betroffen, denn gegenwärtig liegt von dort kein hinreichender Nachweis für ähnliche Lebensformen wie auf unserem Planeten vor. Unter Umständen wurde durch bisher unerforschtem Vorgang die Biosphäre der Erdumlaufbahn von lebensfähigem Material erreicht, das vielleicht von einem bisher unbekannten Planeten durch eine Schneise auf einen für uns anonymen Teil der Erdoberfläche kam!

In dieser Phase könnte geschädigtes Protoplasma vor Erreichen der Biosphäre sich bereits anders geartet entwickelt haben und gewissermaßen mit verwerflichem Einfluss als „diabolischer Smog" die Erde belasten, sodass im unersättlichen Maß gegenseitige Vernichtung vorprogrammiert ist.

Sich verachtendes – auch religiös motiviert – erweckt den Anschein, als könnten gestörte Aminosäuren selektiert und somit verantwortlich sein.

Für einen Nichtwissenschaftler ist es ein reizvoller Gedanke, die Erde als „Abfallstation" krankhafter Zellen zu sehen. Die Geschichtsschreibung jedenfalls lässt bis zur Gegenwart diesen Gedankengang zu, denn politische und religiöse Systeme liefern ständig den Beweis.

Je höher der Anteil zerstörter Zellen, umso rücksichtsloser entwickelt sich offenbar kriminelle Energie, obwohl in ihrer Entwicklungsphase alle Kinder gleichermaßen Figürliches ohne menschenähnliche Proportion zeichnen – wobei erstaunlicherweise keine erkennbaren religiösen Attribute vorkommen. Sollte dieses Phänomen der Hinweis einer allerfrühesten Entwicklungsphase sein – von unserem menschlichen Verstand nicht fassbare letzte Erinnerung – die sich später nicht wiederholt, aber wenigen Menschen die Entfaltungsmöglichkeit künstlerischer Tätigkeit eröffnet? (Abb. 1)

So wurde der Konflikt zwischen offizieller und verbotener Kunst der Ursprung meiner Arbeit. Sowohl der politische Widerspruch als auch der existierende zerstörerische Krieg ließen vermuten, dass gewalttätiger „Protoplasmaschrott", genial zur Erde exportiert, erfolgreich und rücksichtslos wirkte. In dieser Sachlage interessierte mich Gegensätzliches in der Kunst – so ließen sich im Verlauf vieler Jahre bestimmte künstlerische Gesetzmäßigkeiten erkunden und erproben. Meine Analysen erheben keinen Wissenschaftsanspruch. Sie verdeutlichen aber, dass bedeutende Künstler bei ihrer Arbeit planvoll vorgingen und hervorragende Ergebnisse vorlegten.

Kindheit 1936-1938

Wir wohnten bis 1936 im Haus meiner Großeltern in der Wohlfahrtstraße in Bochum und mein Geburtsdatum ist mit dem 4. Juni 1931 amtlich registriert. Früh gab es schon Wahrnehmungen künstlerischer Art. So verfügte mein Großvater über eine reichhaltige Schellackplattensammlung, in der insbesondere die Stimme von Enrico Caruso (1873-1921) mit seinen Opernarien meine Aufmerksamkeit erregte. Störend waren dagegen zwei ausgewachsene stattliche Dobermänner. Wegen ihrer Größe und der allgemeinen Unruhe hatte ich erheblichen Respekt vor ihnen und konnte deshalb zu den Tieren keinen echten Zugang finden. In der mit edlen Möbeln ausgestatteten Wohnung standen, gut auf dem

Vertiko präsentiert, derartige Hunde aus weißem italienischen Marmor. Für den Ankauf der Kleinplastik war offensichtlich ihre Duplizität ausschlaggebend. Mit Respekt beobachtete ich ihre Bewegungen, die erkennbaren Sehnen und gespannten Muskeln schärften im Unterbewusstsein meinen Blick für anatomische Zusammenhänge, wobei gelegentlich auch das dargestellte Nebeneinanderstehen der Tiere in der Plastik vorkam. Die genaue handwerkliche Darstellung verblüffte mich immer wieder und doch hatte ich zu keiner Zeit das Gefühl, von einem wirklich großen Kunstwerk umgeben zu sein.

Visuell ausgleichend empfand ich wohl auch die Landschaftsmalerei meines Vaters, der aber vor allem durch seine schachspielerische Fähigkeit mein Denkvermögen anregte. Darüber hinausgehende weitere erinnerungswürdige Vorgänge aus meiner Vorschulzeit sind hingegen weniger bedeutsam.

Der erste Schultag begann zu Ostern in der Bochumer Oskar-Hoffmann-Straße. Die Lehrerin wünschte die Zeichnung eines Osterhasen. Im Gegensatz zu den Zeichnungen anderer Kinder entwickelte sich mein Thema zu einer perspektivischen Landschaftszeichnung. Ohne Kenntnis der Regeln hatte ich Gesehenes aufgenommen, verarbeitet und kindlich wiedergegeben. Für die Altersstufe eines Sechsjährigen war das offensichtlich ungewöhnlich, sodass die Lehrerin meine Begabung sehr wohlwollend betrachtete, aber zu hohe Erwartungen daran knüpfte. Gegen diese Überforderung anzukämpfen fehlte mir die Kraft; es war einfacher, sich dem normalen Standard anzupassen, was bei einer Klassenfrequenz von sechsundvierzig Kindern nicht besonders schwer fiel, zumal sich durch meine visuelle Fähigkeit der Leistungsstand der Mitschüler schnell erfassen ließ.

An einem bestimmten Tag hatte ich keinen Unterricht. Stattdessen ging ich an der Hand meiner Mutter in Richtung Kortumstraße zur Stadtmitte. Das war seinerzeit die wichtigste Hauptgeschäftsstraße Bochums, eine schmale Einbahnstraße, durch die trotz ihrer Enge die Straßenbahn fuhr. Unsere Wohnung lag nur wenige Minuten entfernt in der Nähe des Schauspielhauses. Zuvor kamen wir am Hauptbahnhof vorbei, dort lag die so genannte „Mausefalle", weil an dieser Stelle die wichtigste Straßenverbindung der Nord-Süd-Achse beiderseits so tief hinunterging, dass bei starkem Regen die Straße unpassierbar wurde. Fußgänger mussten deshalb einen Umweg über eine entfernter liegende Straße nehmen.

An diesem Morgen gab es dieses Problem nicht. Es strömten viele Menschen zur Stadtmitte. Dort angekommen, sahen wir Männer in SA-Uniformen (SA = Sturm-Abteilung, politische Kampftruppe der Partei der NSDAP), die bereits einen Großteil der Schaufensterscheiben jüdischer Geschäfte zerschlagen hatten. Diese Zerstörungen machten erwachsene Menschen, Väter von Schulkindern! Fassungslos gingen wir durch die Straße bis zur „Drehscheibe", dem damaligen Hauptkreuz zwischen der Nord-Süd- und Ost-West-Straßenverbindung. Überall das gleiche Bild: Selbst schwerste Gegenstände wurden aus den Fenstern privater Wohnungen geworfen und damit zerstört.

Erwachsene zeigten ihre Primitivität und waren stolz auf ihre Handlungen.

Auch in den Querstraßen hatten sie kleine Läden zerstört. Die allgemeine Lage war nicht nur für unbeteiligte Menschen sehr deprimierend, wie fühlten sich nur die Eltern unserer Mitschüler, die es direkt betraf? Vom Gesehenen angewidert, gingen wir sehr nachdenklich in unsere Wohnung zurück.

Von dem Tag an veränderte sich auch der Unterricht: Die Stimmung in den Klassen war bedrückt, es fehlten Schulfreunde und für uns Kinder war der gesamte Vorgang unverständlich, zumal man auf dem anliegenden Westfalenplatz damit begonnen hatte, tief in der Erde einen Luftschutzbunker zu errichten. Wir Kinder spürten die Sorge der Erwachsenen um einen Krieg mit einer möglicherweise daraus entstehenden Hungersnot, denn diese Erfahrung des ersten Weltkriegs war bei ihnen noch in schrecklicher Erinnerung.

Wir lebten gegenüber dieser Baustelle im ersten Stock einer großen Wohnung, gemeinsam bei den Großeltern, die einen kleinen Süßwarenladen betrieben. Dieser Laden lag günstig in der Nähe des Schauspielhauses und war vermutlich eine kleine „Goldgrube".

Wahrnehmung 1939-1940

Ein erneuter Wohnungswechsel mit schulischem Neubeginn brachte Eindrücke, die im Unterbewusstsein künstlerisch wirken sollten. Beim Blick aus dem Fenster zeigte sich ein riesiger Industrieberg, umhüllt von schwarzen Rauchschwaden nahe liegender Schornsteine. Das Wechselspiel beider Elemente zeigte den faszinierenden Kontrast von Ruhe und Bewegung. Abends veränderte sich das Bild durch das Ausschütten glühender Erzreste aus kleinen Kipploren des benachbarten Werkes. Die herablaufende Masse verwandelte den Berg mit neuen Formen und Farben. Es ergaben sich Farbverläufe von Gelborange bis Blauviolett in stets neuen Variationen. In den verdunkelten Straßen – zum Schutz der Häuser vor Luftangriffen – begegneten sich die Menschen mit leuchtenden Phosphorplaketten, die sie äußerlich sichtbar an der Kleidung trugen. Dadurch entstanden Variationen von zarter Schönheit mit Bewegungen im Raum.

Das Kriegsgeschehen beeinflusste uns Schulkinder schon frühmorgens. Täglich wurde der Frontverlauf in die Landkarte eingezeichnet und der Geländegewinn farbig übermalt. Daneben gab es auch besonnene Zeiten, vor allem dann, wenn die Mädchen unseres Wohnhauses unbedingt Vater-Mutter-Kind spielen wollten. Dann nutzten wir Backsteine vom gegenüberliegenden Neubau eines Wohnhauses, um einfache Zimmer durch flach auf dem Boden liegende Steine einzurichten. Dazu gehörte das von mir aus Steinen gebaute Motorrad mit Beiwagen, es sollten doch Familienausflüge gemacht werden – ein seltenes, aber friedliches Kinderspiel.

Aber die täglich vernommenen Erfolge, als Sondermeldungen im Rundfunk (Volksempfänger) theatralisch und lautstark angekündigt, verfehlten auch bei den Kindern ihre Wirkung nicht. Entsprechend euphorisch gab es nachmittags mit fremden Schülern einen regelrechten Straßenkrieg: Wir hatten alte Backsteine zerschlagen und als Wurfmunition eingesetzt; zuvor auf dem Hof angehäuft, hatten sie die Architektur eines Kegels, der sich stets veränderte.

Um mich aus dem gefährlichen Kinderkrieg herauszuhalten, bot mir mein Vater die bessere, geistvollere Lösung gegnerischer Bekämpfung an. Er sah nun den Zeitpunkt gekommen, mich mit dem fantasievollen Schachspiel vertraut zu machen. Als Mitglied bei den Schachfreunden 1925, Bochum, hatte er seit Jahren reichlich eigene Erfahrung sammeln können. Es gelang ihm tatsächlich, meinen Ehrgeiz derart zu wecken, dass mein Kinderstraßenkrieg damit beendet war. Selbstverständlich hatte er wegen seiner Arbeitsverpflichtung nicht immer ausreichend Zeit, mit mir zu spielen. Deshalb machte er einfache Figurenaufstellungen, die ich nachmittags nach den Hausaufgaben lösen sollte. So konnte er ohne großen eigenen Zeitaufwand täglich meinen Fortschritt kontrollieren und meine Spielfreude beibehalten. Es standen jeweils nur wenige Figuren auf dem Brett: Bauernendspiele in allen möglichen Variationen.

Beispiel: Weiß zieht und gewinnt
              Weiß: König H 1, Bauern A 4, B 4, C 4.
              Schwarz: König H 8, Bauern A 6, B 6, C 6.

Besonders reizvoll empfand ich die Weltmeisterschaftspartien von 1921-1937. Mein Vater hatte Zeitungsausschnitte gesammelt und sie zum Nachspielen empfohlen. Um das Gesamtspiel nicht zu vernachlässigen, spielten wir die verschiedensten Vorgaben mit Dame, Turm und zuletzt nur noch mit Springer zu meinen Gunsten und so erreichte ich etwa nach zwei Jahren das erste Remis bei gleicher Figurenzahl. Unser Ziel war erreicht.

Pimpf 1941-1943

Wegen der Nähe zu den wichtigsten Bochumer Industriewerken befürchteten meine Eltern zu gegebener Zeit Luftangriffe und so fand erneut ein Wohnungswechsel statt. Die neue Schule hatte einen großen Schulhof, auf dem sich „Pimpfe" (Angehörige des Deutschen Jungvolks), zehn bis vierzehn Jahre alt, hervorragend disziplinieren ließen. Dieser Drill raubte nicht nur meinen inzwischen neu entfachten Wissensdurst, sondern das Stichwort Adolf-Hitler-Schule (Aufbauschulen für den Führernachwuchs) ließ schlagartig und absichtlich meine gesamte Leistung zurückgehen. Für Hitlers Elite wollte ich nicht geeignet sein, denn die Untaten der „Kristallnacht" waren noch in zu guter Erinnerung. Mit dem Beginn des Zweifrontenkriegs im Osten (Sommer 1941) betrachtete mein Vater den Krieg für Deutschland ohnehin als verloren.

Irgendwann ergab sich schließlich der erste Luftalarm für unsere Stadt. Scheinwerfer bildeten eine Lichtkonzentration im dunklen Raum. Mit Angst verfolgten wir den Vorgang und sahen rot leuchtende Explosionen in der Nähe vom Licht erfasster Flugzeuge. So entwickelten sich Suchen und Zentrieren eines Punktes zu grafischen Hell- und Dunkelwerten. Am anderen Morgen mussten Schulkinder die Reste geborstener Granaten suchen. Die Führungsringe aus Messing sollten der Erstellung neuer Granaten dienen. Es waren Fundstücke in kleinen Ausmaßen, außen glatt, aber mit rauen, verletzlichen Kanten versehen.

Zu dieser Zeit betrug die Klassenstärke in unserer Schule zirka neunzig Schüler, sodass ein normaler Unterricht kaum stattfinden konnte. Wir bekamen überwiegend Hausaufgaben, die wegen Überlastung des Lehrers unkorrigiert blieben. Mittags zogen wir zu Hause unsere Uniform an, sammelten uns auf dem Schulhof, um im nahe gelegenen Lottental (Ruhr) täglich vormilitärische Geländeübungen durchzuführen. Die Hausaufgaben wurden spätabends gemacht. Das Reinigen verdreckter Uniformen besorgten noch die Mütter, denn am nächsten Tag musste erneut ein blendender Eindruck entstehen.

Meinen ersten Luftangriff erlebte ich im Frühjahr 1943. Die Erschütterung nahe gelegener Bombeneinschläge machte allen Menschen Angst, doch der bereits vor dem Krieg errichtete Tiefbunker unter dem Westfalenplatz bot den Anwohnern Schutz. Hier dachte ich an meinen Onkel, der vor Leningrad (St. Petersburg) gefallen war und an ein Bild des Malers Paul Klee (1879-1940), das ich als Abbildung von ihm erhalten hatte. Es trug den Titel „Gartenplan", war konstruktiv gegliedert, hatte Flächen, Linien und einfache Zeichen, fast so, wie Kinder die Dinge sehen. Im Unterschied zur kindlichen Sicht war das Bild intellektuell dargestellt, verschieden große Farbflächen in rot und grün, heller und dunkler. Die gesamte Komposition stand damit im Gegensatz zur ortsüblich geltenden Malerei, vor allem der Laienmalerei, die die Wände der Wohnungen schmückte und mit naturnaher Darstellung vom persönlichen Geschmack bestimmt war. Diese Tatsache beunruhigte mich jedoch weniger, denn das Qualitätsgefühl war durch diesen Vergleich gegeben, auch wenn mir das zum damaligen Zeitpunkt nicht vollständig klar war.

Eine kleine Zeichnung mit Pauspapier wurde somit zum Studienblatt. (Abb. 2)

Wegen zunehmender Bombengefahr im Ruhrgebiet wurde die Kinderlandverschickung durchgeführt, sie führte mich nach Süddeutschland. Nach unserer Ankunft befanden wir uns in der Nähe von Straßlach bei München. Das „Erholungsheim" lag im Wald. Der normale Tagesablauf begann morgens um sieben Uhr.

Bei unserer Morgenwäsche gab es nur kaltes Wasser. Nach dem Bettenmachen kam die übliche Kontrolle. Je nach Laune der Vorgesetzten wurden wir schikaniert; entweder zogen sie die Wäsche aus dem Schrank oder rissen Bettlaken und Decken auseinander. Dann wurde auf dem Sammlungsplatz in militärischer Haltung die Fahne gehisst, ehe nach dem Frühstück der Unterricht begann. Der Lehrer zeigte für das herrschende System keine auffallende Sympathie. In seinem Unterricht fehlte die Propaganda, was sich allerdings nachmittags änderte, wenn wir der Laune unserer Hitler-Jugend-Führer (HJ) ausgesetzt waren, die ihre Macht und Führungsqualität bewiesen, obwohl sie wegen der Kapitulation in Stalingrad, Frühjahr 1943, die militärische Lage vor Augen hatten.

Donnerstags wurde das Mittagessen jeweils zur Qual: Es gab Tomatensuppe, die aus irgendeinem Grund wie „geronnenes Blut" aussah. Aufgrund dieses Eindrucks konnte ich die Suppe nicht essen und sie wurde mir stets unter Anwendung von Gewalt eingelöffelt.

Es gab nicht nur Disziplinierung! Theater wurde auch gespielt. Laut Regieanweisung galt es eine Brunnenfigur abzuzeichnen, die ihre Körperform aus geheimnisvollem Grund stets veränderte, sodass der Maler seinen Zeichenblock wütend auf die Erde werfen sollte. Es gelang mir in den Proben, die Rolle des Malers dementsprechend darzustellen. Für die Aufführung erhielt ich aber einen Skizzenblock, der mir so wertvoll erschien, dass ich ihn lediglich hinfallen ließ. Es gab deshalb anschließend Vorwürfe, da eine der wichtigsten Szenen der Aufführung völlig danebengegangen war.

Freitags ging es – teils marschierend, teils mit der Straßenbahn – nach München. Dort mussten wir uns einmal in der Woche gründlich waschen und durften in der Badeanstalt schwimmen. Überraschenderweise gab man uns nachmittags frei, so konnten wir zu zweit oder zu dritt, aber auch allein durch München gehen.

Offiziere (Ritterkreuzträger) waren stets mit erhobenem Arm

zu grüßen, wenngleich Urlauber und verwundete Soldaten das eigentliche Stadtbild prägten. Obwohl der Frontverlauf weit ab der damaligen Reichsgrenze lag, entstand der Eindruck unmittelbarer Nähe zur Front.

Künstlerisch konfliktfördernd war mein Besuch im Haus der Deutschen Kunst. Hier sah ich anlässlich der großen Deutschen Kunstausstellung, 1943, völlig andere Bilder und Plastiken. Dabei erregte eine weibliche Figurengruppe mit besonderem visuellen und haptischen Reiz meine Aufmerksamkeit. Ich staunte über die mir bis dahin verborgen gebliebenen Formen des weiblichen Körpers. Durch die Konfrontation – hier die Malerei von Paul Klee und dort das Ausstellungserlebnis im Haus der Deutschen Kunst – entstand ein Kunsterlebnis, dass für mich als Zwölfjährigen von weit tragender Bedeutung werden sollte, denn es standen sich extrem verwirrende Kunstauffassungen gegenüber. Aber unabhängig von der Wahl der Themen und Materialien mussten Gemeinsamkeiten künstlerischer Regeln vorhanden sein. Die Qualität konnte nicht vom „persönlichen Geschmack" des Betrachters abhängig gemacht werden. Sehr wahrscheinlich bestimmten mir unbekannte Wertmaßstäbe gleichermaßen das künstlerische Schaffen – sowohl für Paul Klee als auch für den Bildhauer, dessen Arbeit mich sehr beeindruckte, aber an dessen Namen ich mich nicht mehr erinnere.

In der Folgezeit verlangten offene Fragen entsprechende Antworten. Aber zunächst wurde unser Lager aufgelöst und nach Ungarn verlegt. Ich dagegen fuhr auf Wunsch meines Vaters viele Stunden mit dem Nachtzug nach Zella/Rhön in Thüringen, stets von Tieffliegern bedroht. Im Gang der Waggons reihten sich Köpfe ängstlicher Menschen auf engstem Raum: eine künstlerische Wahrnehmung, gespeichert im Unterbewusstsein. Die Reise dauerte fast zwei Tage, sodass sich die noch unbekannte Verwandtschaft bereits Sorgen machte.

Vorübergehend ihrer Dienstverpflichtung im bombengefährdeten Bochum entflohen, schaffte meine Mutter mit allen Möbeln den Umzug in die Rhön. Sie hatte sich geschickt der Gefahrenzone entzogen. Wir wohnten nun gemeinsam bei den entfernten Verwandten meines Vaters und galten als Evakuierte. Als Protestanten evakuiert und in einem katholischen Dorf wohnhaft zu sein, war nicht immer einfach. Die Frauen hatten das Sagen, diese wiederum hörten auf den Pfarrer, der in einem Barockschloss „residierte". Das gesamte Anwesen lag auf einer Anhöhe, umgeben von anderen Dörfern. In der Rhön war der Krieg weit entfernt. Durch den verbotenen Londoner Rundfunk erfuhren wir die Lage an der Front und warteten auf das Ende des Krieges.

Evakuierte konnten von den katholischen Bauern keine Nahrungsmittel kaufen, sodass ich als Mitschüler einiger Bauernkinder deren Hausaufgaben machte und sie gegen Eier, Mehl und dergleichen eintauschte. Unter der ärmeren Bevölkerung gab es in bescheidenem Maß christliche Nächstenliebe. Es gab keine Parteigenossen, keine Veranstaltungen der Hitlerjugend. Zwei französische Kriegsgefangene lebten und arbeiteten unbewacht bei wohlhabenden Bauern. Deutsche Soldaten gab es nicht, die wenigen älteren Männer hatten familiäre Aufgaben zu erfüllen.

Meine Mutter wurde doch noch dienstverpflichtet. Knieschützer für Soldaten der Gebirgsjäger mussten in Heimarbeit gefertigt werden, eine typische Arbeit für mich als Lernwilligen, der damit außerdem seine Mutter entlastete. Vorgestanzte Teile wurden genietet und genäht, eine Arbeit, die sich als unkompliziert erwies.

Anders die Herstellung eines Modellschiffes aus Holz, das ich nach einem Bauplan mit maßstabsgetreuer Angabe ausführte. Die wesentlichste Erkenntnis ergab sich aus der Gliederung der Spantenrisse, die sich proportional anordnen und auch variieren ließen. Da jedes Volumen aus einer Vielzahl von Querschnitten besteht, ließen sich auch andere körperhafte Darstellungen verschiedenster Art erfassen und gestalterisch wiedergeben, sich möglicherweise sogar auf den menschlichen Körper anwenden? Zwei Querschnitte, formal unterschiedlich groß und proportional veränderbar zueinander geordnet, ergaben nach Herstellung der Übergänge unterschiedliche Charaktere. Eine bedeutsame Erkenntnis bei der Gestaltung von Architekturen oder Plastiken.

Da ich nach dem Krieg Architekt werden wollte, interessierte mich dieser Vorgang sehr, aber fast hätte es auf der Landstraße beim Radfahren in Begleitung einer Schulfreundin eine böse Überraschung gegeben. Ein englischer Tiefflieger feuerte eine Salve aus der Bordkanone auf uns ab, wir blieben aber unverletzt. Wenige Tage später dröhnten die ersten Granateinschläge von der Front zu uns herüber, inoffiziell etwa zwanzig Kilometer entfernt. Wir hofften, dass sich zurückziehende deutsche Soldaten auf keinerlei Kämpfe einließen und unser Dorf verschont bliebe. Es war März 1945 und in der Rhön lag noch Schnee. Die Front bestand nur noch aus zehn abgekämpften Soldaten. Einige Zeit später donnerte mit lautem Maschinengeheul der erste Panzer auf Sichtweite heran. Es waren Amerikaner. Weiße Betttücher der Dorfbewohner signalisierten die Aufgabe der Ortschaft, in dessen Zentrum sich das dorfeigene Backhaus befand, woran der einzige Sachschaden des Krieges entstand, weil für Panzer die Durchfahrt der Hauptstraße zu eng war.

Die Militärpolizei regelte unsere Verhaltensvorschrift, sodass sich der normale Lebensrhythmus verbesserte, obwohl der Krieg an den Fronten andauerte.

Besonderen Wert legten die amerikanischen Soldaten auf erste Dokumentaraufnahmen vom Konzentrationslager Bergen-Belsen, die alle Dorfbewohner im Kino ansehen mussten. Wir sahen Leichenmassen und völlig ausgemergelte Überlebende. Der Schock saß tief, denn diese Verbrechen sollten von der deutschen Bevölkerung unbemerkt geblieben sein? Nach der deutschen

Kapitulation, im Mai 1945, übernahmen belgische Soldaten die Kontrolle über das Dorf. Nach Abzug dieser Einheiten blieben wir mit der Aussicht auf eine unkalkulierbare Zukunft für ein Jahr unbesetzt.

Kunsthandwerk 1946-1949

Entsprechend alliierter Vereinbarung besetzten sowjetische Soldaten das Land Thüringen.

Mein Vater war inzwischen aus amerikanischer Kriegsgefangenschaft zurückgekehrt, aber mein geplantes Architekturstudium blieb ein Kindheitstraum. Die allgemeine Lage war trostlos. Es gab Stromsperren und Lebensmittelknappheit, aber keine Ausbildungsplätze oder weiterführende Schulen. Es fehlten öffentliche Verkehrsmittel, um sich anderorts weiterzubilden. So verblieb lediglich die Möglichkeit, als vorübergehende Überbrückung das Handwerk eines Holzschnitzers zu erlernen.

Die neue Westgrenze entstand vier Kilometer oberhalb unseres Dorfes. Die Besatzungssoldaten erfüllten ihre Aufgaben, während der erwünschte Einklang mit der Bevölkerung aber ausblieb. Nur der gut aussehende Ortskommandant gewann Sympathie, er ging überwiegend ohne Wachbegleitung. Leider war sein Alkoholverbrauch beträchtlich, sodass er von den Bewohnern nicht respektiert wurde. Bei Veranstaltungen durfte er mit keinem deutschen Mädchen tanzen. Gegen diesen Beschluss jugendlicher Dorfbewohner gab es vom Kommandanten keinen Widerspruch, da er das im alkoholisierten Zustand akzeptiert hatte. Es gab eine erwähnenswerte Ausnahme: Er wählte – wie immer angetrunken – während der dörflichen Kirmesfeier eine der unter Schutz stehenden „Dorfschönsten" zum Tanz, die sich weigerte und Hilfe erwartete. Auf der Stelle packten drei Jugendliche den Ortskommandanten und schoben ihn sehr unsanft aus dem

Veranstaltungsraum. Der zufällig anwesende Wachsoldat schoss daraufhin mit seiner „Kalaschnikow" durch das offene Fenster in die Decke des Tanzsaals. Was sollte nun geschehen? Mutig gingen die Jugendlichen auf den Soldaten zu, nahmen ihm die Waffe ab und forderten ihn auf, seinen betrunkenen Kommandanten nach Hause zu bringen. Am anderen Morgen könne er die „Kalaschnikow" wieder abholen – und genauso geschah es!

Die Bevölkerung versuchte mit Grenzschmuggel eigene Lebensumstände zu verbessern. Geeignet waren Holzschnitzereien privater Werkstätten, die bereits seit 1850 in der Rhön ansässig waren. Holzgeschnitztes ließ sich auf der Westseite gegen amerikanische Zigaretten eintauschen, die als „heimliche" Währung galten. Ortskundige Bewohner waren beim Grenzgang bevorteilt, teilweise beteiligten sich daran auch russische Soldaten. Zur Herstellung einer Schnitzerei war Qualitätswerkzeug erforderlich, das aus der Vorkriegszeit stammte, dazu zählte eine Vielfalt von Schnitzmessern aller Stichgrößen und Formen. Die maschinentechnische Vorbereitung erforderte drei unterschiedliche Sägen: Eine Kreissäge schafft den geraden Zuschnitt zum Trennen großer Holzbohlen. Die Bandsäge ermöglicht großzügige Bogenschnitte äußerer Formgebung. Für Innenausschnitte eignet sich mit barocker Wendigkeit die Dekupiersäge.

Als Lehrling erfüllte ich die Vorgaben des Lehrmeisters. Die Herstellung eines Tieres erforderte getrennte Arbeitsgänge: Im Maschinenraum wurde aus einer Lindenholzbohle mit der Kreissäge das erforderliche Maß abgesägt. Mit einer vorhandenen Schablone ließ sich die Umrissform des Tieres aufzeichnen. Zu beachten war, dass die Holzmaserung mit der Laufrichtung der Beine des Tieres übereinstimmte, um eine Bruchgefahr zu vermeiden. Aus diesem Grund wurde das Geweih des Hirsches getrennt gesägt, geschnitzt und später aufgesetzt.

Den handwerklichen Anspruch erfüllte ich vorzeitig, denn bereits nach zwei Jahren konnte ich mit einem „Röhrenden Hirsch" die Gesellenprüfung ablegen und erhielt für mein Bildhauerstudium von der im Nachbarschaftsdorf befindlichen Staatlichen Schnitzschule Empfertshausen/Rhön ein Stipendium.

Staatliche Schnitzschule 1949-1950

1949 wechselten meine Eltern ihren Wohnsitz und gingen zurück nach Bochum. Ich blieb am Ort, mietete eine andere Wohnung innerhalb des Dorfes.

Der Grenzverlauf lag zirka drei Kilometer entfernt, er blieb für Anwohner kontrollierbar, und somit war auch für mich jederzeit ein Wechsel in die Bundesrepublik problemlos möglich, aber mein Bildhauerstudium an der Staatlichen Schnitzschule hatte Vorrang.

Die Schule wurde bereits 1878 gegründet und erhielt um 1937 ein neues Gebäude. Nach dem Krieg nutzten sowjetische Grenzsoldaten das Bauwerk vorübergehend als Unterkunft. Der Bildhauer Wilhelm Löber (1903-1981) setzte sich für die Wiederaufnahme des Schulbetriebs ein, er war ein ehemaliger Bauhaus-Schüler von Gerhard Marcks (1889-1981). Es entstand die frühere Meisterklasse mit der Möglichkeit freier Kunstausübung. Später wurde die Berufsschule für Lehrlinge ortsansässiger Handwerksbetriebe angegliedert.

Der Bildhauer Otto Schmidt (1905-1990) leitete als Direktor die Berufsschule. Die Gestaltung ornamentaler Flächen in der angewandten Kunst zählte zum Schwerpunkt seiner Arbeit. Ein Ornament ließ sich aus einfacher Linie zur Form entwickeln, sie ergab eine in sich geordnete Form mit vielfältiger Variationsmöglichkeit und konnte durch Wiederholung zur Reihung erweitert werden. (Abb. 3)

Die Anordnung mehrerer Reihungen, unter- oder übereinander gesetzt, ließ ornamentale Flächen unterschiedlicher Größenordnung zu. Im Beispiel erweitert die Reihenverschiebung den bildnerischen Gesamteindruck. Das Holzrelief wurde mit einem geraden Schnitzmesser im Kerbschnittverfahren gearbeitet. Der zeichnerischen Form folgend, ergab sich aus vertieften Kerben und erhabenen Kanten ein wechselhaftes Formspiel. (Abb. 4)

Formbetonte Ornamente standen im Widerspruch zum „Sozialistischen Realismus". Diese politische Vorgabe behinderte die Entwicklung des freien Geistes in der Kunst. Der Ast eines Baumes konnte in seiner Spiegelung als Gerüst einer menschlichen Figur erscheinen und interessanterweise auch als Träger einer modellierten Tonplastik dienen. Formen und Proportionen der Pflanzenwelt ermöglichen unendliche Variationen und eröffneten den Studenten unbekannte bildnerische Wege. Die Grundform des Großbuchstabens Ypsilon mehrfach miteinander verbunden, bestehend aus kurzen und langen Strecken, ergab das Wesensmerkmal eines Baumes. Das gleiche Prinzip zu neuer Form gewandelt, ergibt einen anderen Charakter. (Abb. 5)

Da es kein Modellierwachs gab, waren derartige Experimente selbst im außerschulischen Bereich technisch undurchführbar. Somit galt weiterhin die alte Bildhauerregel: „Der Knochenbau des Menschen trägt unstabile Weichteile – unstabiler Modellierton verlangt ein stabiles Eisengerüst." (Abb. 6)

Um Modellierton am Gerüst haltbar zu machen, waren zusätzliche Drahtumwicklungen notwendig. Mangels Material, das der künstlerischen Entwicklung hätte dienen können, arbeiteten wir mit Holz im Sinn einer zukunftsorientierten sozialistischen Schnitzschule – entsprechend dem „Geschmack der Zeit" für die Arbeiterklasse im Sinne der Partei.

Anspruch und Wirklichkeit waren in der Sowjetischen Besatzungszone (SBZ) nicht in Übereinstimmung zu bringen. Selbst einfache Fichtenholzbretter, die unfreiwillig von Werkstätten zur Erstellung von Propagandatafeln abgegeben wurden, konnten nur durch zuvor organisierte Nägel zusammengehalten werden. Diese

Nägel stammten aus privaten Zäunen der Dorfbewohner. Zur Bemalung der Tafeln gab es nur wetterunbeständige Pulverfarben: Rot für die Partei, Blau für die FDJ und Weiß als Grundbemalung oder Beschriftung. Andere Farben waren nicht vorhanden. Da zugleich Nahrungsmittelknappheit herrschte, war die Stimmung der Bevölkerung sehr schlecht und nach Meinung der Wahlberechtigten sollte die Gründung der DDR im Jahr 1949 nicht zustande kommen: Um ein gerechtes Wahlergebnis zu erzielen, erhofften wir eine Wahl unter Aufsicht der Vereinten Nationen (UNO). Am eigentlichen Wahltag stimmte ich frühmorgens, als achtzehnjähriger Erstwähler, vor den Augen der Wahlhelfer protestierend und offen mit NEIN, weil die Benutzung der vorhandenen Wahlkabine durch körperliche Hinderung verweigert wurde. Das Verhalten der Wahlhelfer änderte sich auch nicht, als aus der Kirche kommende Dorfbewohner ihre Stimme abgaben und die Mehrheit – zirka neunzig Prozent – wegen der gleichen Behinderung offen mit NEIN stimmten. Das amtliche Wahlergebnis registrierte dagegen hundert Prozent JA-Stimmen. Da sich in den umliegenden Dörfern Gleiches abspielte, war davon auszugehen, dass das Staatsgebilde der Deutschen Demokratischen Republik (DDR), zumindest aus unserer Sicht, nur durch Wahlfälschung zustande gekommen sein konnte.

Das Ministerium für Kultur in Weimar wandte sich an die Staatliche Schnitzschule mit der Anfrage, ob sich nach dem auf Gedichtsbänden eingeprägten Gesicht die Holzfassung des Dichters Maxim Gorki (1868 –1936) herstellen ließe. Fotos gab es nicht, niemand kannte Gorkis Aussehen. Wir konnten also nur nach den Prägedrucken arbeiten und entscheiden. Es wurde nach längerer Diskussion beschlossen, dass sich jeder mit dieser Aufgabe beschäftigen könne, aber zunächst ein Gipsmodell herzustellen sei, damit die aus Teilnehmern bestehende Jury das am ähnlichsten erscheinende Modell auswählen könne.

Mit neunzehn Jahren gehörte ich zu den jüngeren Studenten

und durfte nach kollektivem Beschluss diese Aufgabe übernehmen. Jugendlich mutig und selbstsicher begann ich zu schnitzen. Es ging gut voran, bis eines Tages der Bildhauer und Direktor der Schnitzschule sich erkundigte, was ich schnitzen würde. Er überlege seit Tagen, wie mir zu helfen sei, denn bisher wäre es nicht Gorki, sondern Hindenburg, und diesen Kopf könne man schließlich nicht beim Ministerium abliefern. Bis zur Währungsreform 1949 hatte sich das Geldstück der alten Reichsmark mit dem Porträt Hindenburgs zu sehr in meinem Gedächtnis festgesetzt. Nun sah ich in meiner Holzfassung ebenfalls nur noch Reichspräsident Paul von Hindenburg (1847-1934).

Ich hatte gut einen Monat gearbeitet, wie sollte das zu ändern sein, wenn schon der erfahrene Bildhauer Otto Schmidt keinen Lösungsweg sah? Vor dem Werkstück stehend, blieb ich in der Folgezeit handwerklich untätig, suchte verzweifelt einen Ausweg. Bei einem Tonmodell hätten sich leicht Veränderungen vornehmen lassen, weil entferntes Material sich ebenso leicht wieder hinzufügen lässt – aber Holzgeschnitztes ist nicht korrigierbar, was abgeschnitten ist, lässt sich so einfach nicht erneuern. Bei meiner Analyse erkannte ich, dass vor mir ein kastenförmiger Schädel stand, der offensichtlich diesen Charakter bestimmte und damit nicht der Erscheinungsform Gorkis entsprechen konnte. Ich studierte deshalb Kopfformen russischer Besatzungssoldaten. Hier galt es offensichtlich anzusetzen – aber wie sollte das umgesetzt werden?

Nach vielen schlaflosen Nächten erwachte ich eines Morgens früh mit dem Gedanken, den gesamten Schädel etwas konischer umzuformen, die Jochbeine hervorzuheben, aus meiner Beobachtung „slawisch" zu machen und arbeitete entsprechend. Dieser Weg erwies sich als richtig – nach langer Qual hatte sich „Gorkiähnliches" ergeben und konnte dem Ministerium zur Verfügung gestellt werden. Die Arbeit wurde akzeptiert und entsprechend honoriert.

Meisterklasse 1951

Der stets alkoholisierte Ortskommandant war von seinem Adju-
tanten aus Eifersucht erschossen und die gesamte Einheit daraufhin abgezogen worden, sodass nach Gründung der DDR (1949)
die Volkspolizei die Sicherung der Westgrenze übernahm. Die
parteiorientierten Massenorganisationen hielten Einzug im un-
organisierten Schulbetrieb der Schnitzschule. Wegen der „Wahlfälschung" kam keine SED-Parteigruppe zustande, stattdessen
gründete sich die National Demokratische Partei Deutschlands
(NDPD). Nachdem auch noch die Freie Deutsche Jugend (FDJ),
die Deutsch-Sowjetische Freundschaft (DSF), der Freie Deutsche
Gewerkschaftsbund (FDGB) und der Kulturbund tätig wurden,
entfielen auf jeden der Studenten drei Führungsposten. Dadurch
wurde ich in wichtige Positionen einbezogen, unterteilt in ers-
ter Vorsitzender bei der FDJ, zweiter Vorsitzender der DSF und
Schriftführer beim Kulturbund. Nun wurden neben der künstlerischen Vorgabe des „sozialistischen Realismus" auch politische
Veranstaltungen durchgeführt. Dieser Verpflichtung konnte sich
niemand ohne Verlust des Studienplatzes entziehen. Mit einer
Ausnahme: Der ortsansässige Schachverein bot seinen Mitglie-
dern Spielzeiten an, somit konnte ich mich gelegentlich der unge-
liebten Politikveranstaltung entschuldigt entziehen.

Als damals gewählter Vorsitzender der FDJ wurde ich mit der
Organisation einer Studienreise nach Berlin beauftragt. Die Genehmigung erteilte der Kreisverband in Bad Salzungen. Die Reise
wurde unter der Voraussetzung bewilligt und finanziert, dass
wir in der Stalinallee eine Sonderschicht übernehmen. Die Reise
verlief planmäßig und als Funktionäre erhielten wir im Haus der
Deutsch-Sowjetischen Freundschaft am Festungsgraben erstklas-
siges Essen vorgesetzt, obwohl es in der gesamten Republik noch
eine sehr große Lebensmittelknappheit gab.

Unsere Studienreise galt der Sonderausstellung von Ernst

Barlach (1870-1938), die vom Dezember 1951 bis Februar 1952 in der Deutschen Akademie der Künste stattfand. Das Werk von Barlach war sehr beeindruckend, es war seinerzeit – nicht nur für mich – das Schlüsselerlebnis künstlerischer Entwicklung.

Nun stand noch die Sonderschicht in der Stalinallee offen. Dort angekommen, ärgerte sich der zuständige Maurerpolier über stets neue Reisegruppen mit dieser Aufbauverpflichtung. Arbeitskräftemangel gab es nicht, es fehlte am Material. So ließen sich keine Türen in Wohnungen einsetzen oder bereits vorhandene wegen feuchtem Holz nicht schließen. Er forderte uns auf, zum Nachweis lediglich ein Alibifoto zu erstellen.

Nach der Rückkehr freute sich die zuständige Sekretärin der FDJ über den fotografischen Nachweis unserer Arbeit und bot uns weitere Studienreisen nach Berlin an. Der Plan war erfüllt.

Unverlogen dagegen der Bildhauer Wilhelm Löber, er beantwortete Fragen, die seit 1943 in meinem Gedächtnis hafteten. Es war der künstlerische Widerspruch, der sich aus der Arbeit von Paul Klee mit seinem „Gartenplan" und den Arbeiten im Haus der Deutschen Kunst ergab. Löber war fähig, Bildwerke aller Epochen der Kunstgeschichte so zu analysieren, dass klare Regeln verständlich wurden. In jeder Arbeit bestimmte er zunächst die Architektur der Plastik, sah die Ordnung der Proportionen und erklärte die Logik der Form, alles eingebettet in Verbindung einer materialgerechten Behandlung des Werkes.

Er informierte in seiner kunstgeschichtlichen Betrachtung also nicht – wie sonst allgemein üblich – nach Themen, Jahreszahlen oder sonstigen Unwichtigkeiten. Es ging in seiner Betrachtung stets um Architektur, Proportion und Form einer Plastik. Derartige Wertmaßstäbe waren in der Kunstgeschichte von der Frühzeit bis zur Gegenwart auffindbar und gaben somit wertvolle Einblicke. (Abb. 7)

Es ist ein erheblicher Unterschied, ob sich ein Bildwerk aus eigener Idee entwickelt, oder nur einer vorübergehenden Zeiterscheinung folgt (Porträts: Stalin oder Hitler). Der Bildhauer ist dem Gesetz der Materialgerechtigkeit unterworfen, eine filigrane Darstellung ist beispielsweise besser im Bronzegussverfahren möglich und damit nicht in Stein ausführbar. In beiden Fällen wird der Gesamteindruck zuerst von der architektonischen Masse bestimmt. Die Proportionen sind zu ordnen und mit logischen Formelementen einheitlich zu verschmelzen. In der Bildhauerei ist die Schaffung plastischer Übergänge das schwierigste Problem, die Architektur allein macht noch keine Plastik. Die gerade Zeitschiene – von der Frühzeit bis zur Gegenwart – steht für die zu berücksichtigenden Gestaltungsmerkmale in der grafischen Darstellung. Die Wellenlinie zeigt Übergangsphasen der Kunstepochen: Frühzeit, Barock, Klassizismus und Gegenwart. Sie deutet an, dass sich die Epoche Rokoko (ab 1730) vom Barock entfernte, unbedeutende Details geschmacklich überbetonte und sich dem Kitsch näherte. Mit Beginn der Epoche des Klassizismus (1770-1830) erfolgte die Rückbesinnung zu neuer Wertebestimmung, an die wesentlich später auch die Gegenwart mit grundlegenden Entwicklungen anknüpfen konnte. (Abb. 8)

So hatten sich verschiedene Künstler orientiert und Zeichnungen, mit verdünnter Tusche laviert, klug proportioniert in hellen und dunklen Werten abgestimmt. Umrissbetonte Skizzen erscheinen plastisch. Leider waren aus Mangel an Tusche derartige Versuche nicht möglich, teilweise wurde deshalb die Feuchtigkeit des Grases eingesetzt und der Bleistiftumriss nur mit dem nassen Finger zum Plastischen verrieben.

Die Familie Löber mit ihren Kindern beiderlei Geschlechts stellte die Aktmodelle. Obwohl interne Gegner zunächst ein amtliches Verbot erreichten, bestätigte das Kultusministerium später unserer Meisterklasse das Niveau einer Kunstakademie – und damit stand für diesen Unterricht ein Berufsmodell zur Verfügung.

Bei unserer nichtkünstlerischen Tätigkeit ging es gelegentlich um Fluchthilfe. Das war ein gefährliches Unterfangen, wenn es auch zu dieser Zeit noch zahlreiche kleine Schleichwege gab, die nur der einheimischen Bevölkerung bekannt waren. Einer dieser unauffälligen Wege führte von Zella nach Brunnartshausen, das vier Kilometer von der Grenze entfernt lag. Etwa ab Dorfmitte gab es einen von Hecken umgebenen Feldweg, der direkt zu einem Tannenwald führte. Von dort ging ein schmaler Pfad, uneinsehbar, links und rechts von dichtem Nadelholz begleitet und völlig sicher, bis zur Verbindungsstrasse zwischen Andenhausen und dem Mückenhof, einer bäuerlichen Ansiedlung. An dieser Stelle war äußerste Vorsicht geboten. Hatten sich keine verdächtigen Merkmale ergeben, konnten nach Überquerung der Straße die restlichen dreißig Meter einer kleinen Wiese bis zum Grenzbächlein Kohlbach überwunden werden. Dieser Bach hatte lediglich eine Schrittbreitenüberquerung und war ungesichert. Auf der Westseite ließ sich in kurzer Entfernung ein sicheres Unterholz finden, das vor möglichen Übergriffen der DDR-Grenzpolizei schützte. Nicht immer gelang das so gut, denn ortsunkundige Kommilitonen waren wesentlich gefährdeter.

So wandten sich die Studenten der Staatlichen Schnitzschule mit einer Petition an den Staatsratsvorsitzenden Walter Ulbricht (1893-1973), um die Freilassung eines verhafteten Kommilitonen zu erreichen, der wegen Fluchthilfe zu sieben Jahren Haft in der Strafanstalt Bautzen verurteilt worden war. Daraufhin folgte eine schwerwiegende politische Entscheidung: Die Staatliche Schnitzschule wurde aufgelöst und die verbleibende Berufsschule in „Fachgrundschule für angewandte Kunst" umbenannt. Die im Internat der Schnitzschule wohnenden Studenten konnten in Leipzig – weit von der Westgrenze entfernt – ihr Bildhauerstudium fortsetzen. Bis auf den Schulleiter verloren alle weiteren Lehrkräfte ihre Unterrichtsberechtigung.

Wilhelm Löber, danach auf der Halbinsel Fischland/ Darß ansässig – politisch vom Künstler zum Kunsthandwerker degradiert – gestaltete ab 1957 Keramiken mit dem bekannten Fischland-Dekor.

Otto Schmidt blieb Direktor und war gleichzeitig Leiter des Prüfungsausschusses, dem ich als neues Mitglied angehörte. In dieser Übergangsphase entstand das Porträt von William Shakespeare (1564-1616), mit dem Versuch, gewonnene Erkenntnisse plastisch umzusetzen.

Der architektonische Aufbau gestaltet sich aus der abstrahierten Kragenplatte und der ellipsenförmigen Grundform des Kopfes. Formflächen und Kanten durchziehen das Tonmodell und bestimmen in proportionaler Anordnung das Porträt, ohne naturalistische Formelemente mit einzubeziehen. (Abb. 9)

Durch folgende vier Arbeitsgänge wurde das modellierte Tonmodell in ein Gipsmodell umgewandelt: (Abb. 10)

- Zuerst erhielt das Tonmodell mithilfe kleiner Blechstücke eine Trennnaht auf der äußersten Höhe des Kopfes, um zwei abnehmbare Formhälften vorzubereiten. Mit gefärbtem Wasser wurde der anzutragende Gips angerührt, aber nur so weit, dass kleine Inseln aus dem Wasser herausragten, denn Gips muss „ersaufen". Auf diese Weise blieb der Gipsbrei gießfähig und ließ sich in kleinste Formteile auftragen.
- Anschließend wurde die zum Umgussverfahren erforderliche Negativform mit einem festen Gipsmantel umgeben. Nach dem Abbinden des Gipses ließen sich die zwei Formhälften unter fließendem Leitungswasser auseinander treiben und sich dadurch der Gipsmantel vom Tonmodell trennen.
- Die zwei Hälften der Negativform wurden gereinigt und mit Kernseife isoliert – leider war der zur Isolierung bestens geeignete Schellack käuflich nicht zu erwerben. Nach dem Zusammenfügen beider Teile ließ sich der Hohlraum mit neu angerührtem Gips – ohne Farbanteile im Wasser – ausgießen. Auf diese Weise entstand das ursprüngliche Modell neu.
- Nach dem Abbinden konnte die zuvor gefärbte Negativform

durch Hammer und Meißel bis zur weißen Urform abgeschlagen werden, wobei die Negativform verloren ging. Die vorgesehene Holzfassung entstand nicht.

Ende Mai nutzte ich meinen zuverlässigen Pfad der Grenzüberwindung zur eigenen Flucht. Meine Hilfsbereitschaft gegenüber anderen Mitbürgern zwang dazu. Das war insofern schlecht, sollte ich doch nach meinem vorgesehenen Pädagogikstudium in Eisenach Lehrer unserer Fachgrundschule werden.

Auf der Westseite ging es über Theobaldshof und Tann in das Notaufnahmelager Gießen. Während meines Aufenthalts ergab sich eine skurrile Situation: So zerbarst vor der Essensausgabe aus unerklärlichem Grund mein Trinkglas in tausenderlei Stücke. Da der Schadenersatz von einer Deutschen Mark (West) nicht bezahlbar war, verpflichtete man mich, als Wertausgleich am folgenden Tag acht Stunden Kohle zu verladen.

Nach einer Woche, genau an meinem Geburtstag, erhielt ich die Aufenthaltsgenehmigung für die Bundesrepublik Deutschland. Begründung: Ich hätte vor meiner Volljährigkeit (21) bereits die Grenze überschritten, brauche deshalb keinen Wohn- oder Arbeitsvertrag nachzuweisen und könne mich damit am Wohnort meiner Eltern anmelden.

Unklar blieb, was sonst geschehen wäre. Zuvor fuhr ich noch ins Aufnahmelager des zuständigen Bundeslandes Nordrhein-Westfalen in Wipperfürth, wo ich noch weitere Tage verbrachte, um nach neun Jahren kriegsbedingter Umstände meinen Geburtsort Bochum wieder zu sehen.

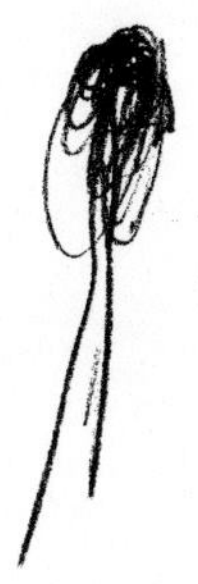

Abb. 1   Kopffüßler, Kinderzeichnung

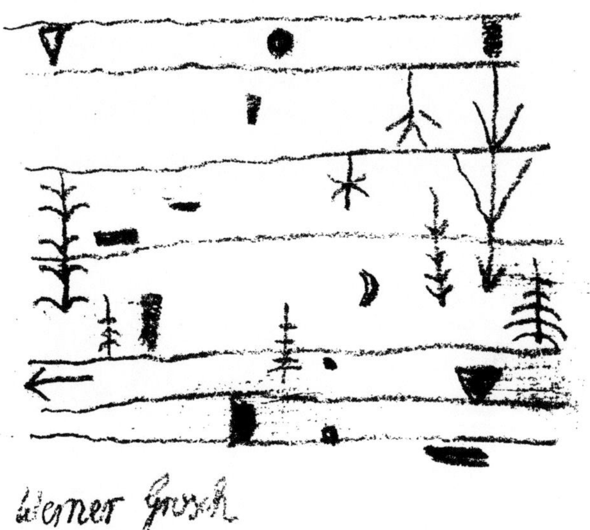

Abb. 2   Werner Grosch, Zeichnung mit Pauspapier, 1943

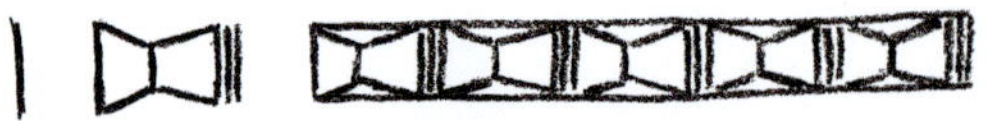

Abb. 3   Ornamentale Gliederung

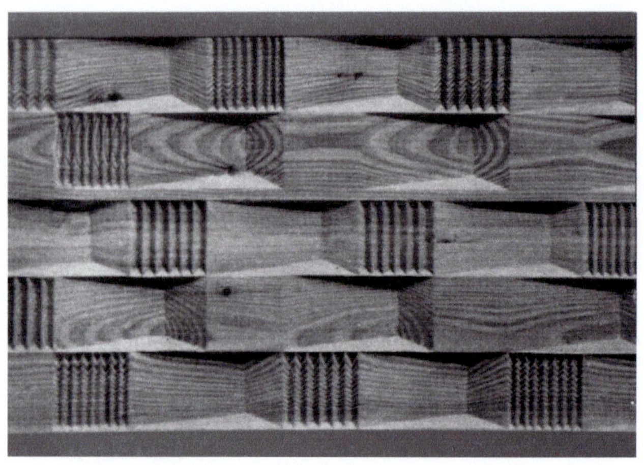

Abb. 4   Holzgeschnitztes Ornament, 1950

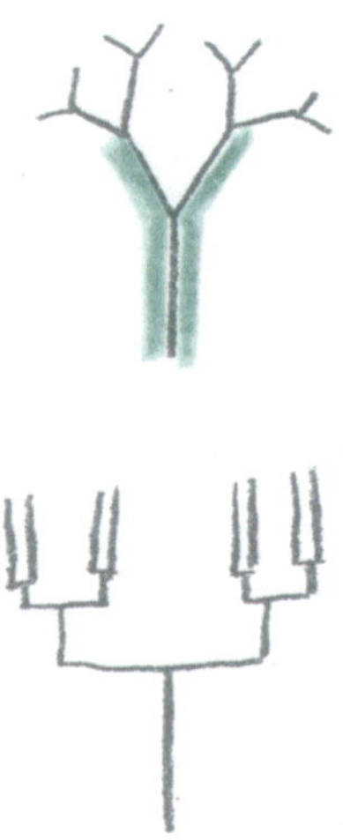

Abb. 5   Buchstabe Y

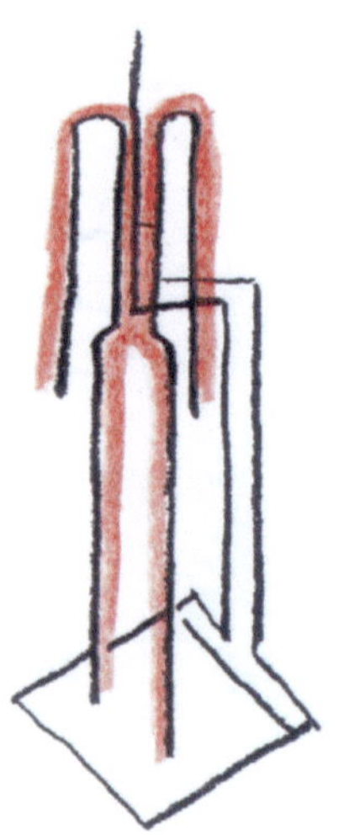

Abb. 6   Figurengerüst

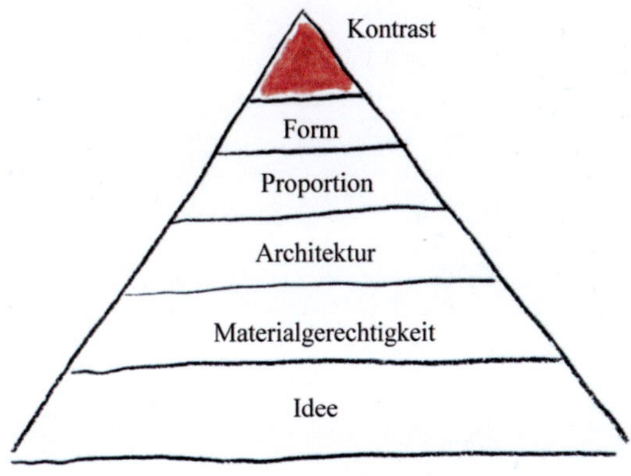

Abb. 7   Gestaltungsmerkmale, 1951

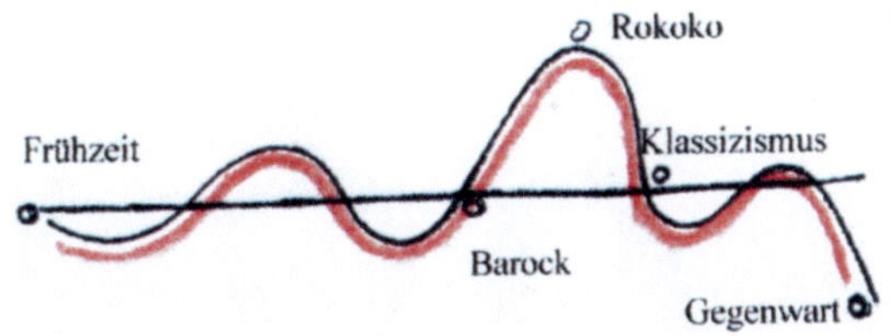

Abb. 8   Zeitschiene, 1951

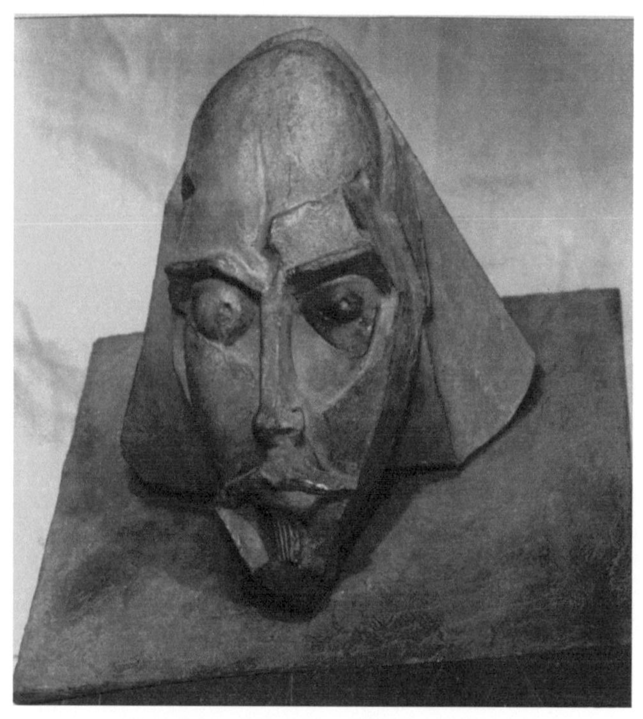

Abb. 9   Werner Grosch, Shakespeare, 1952, Gips

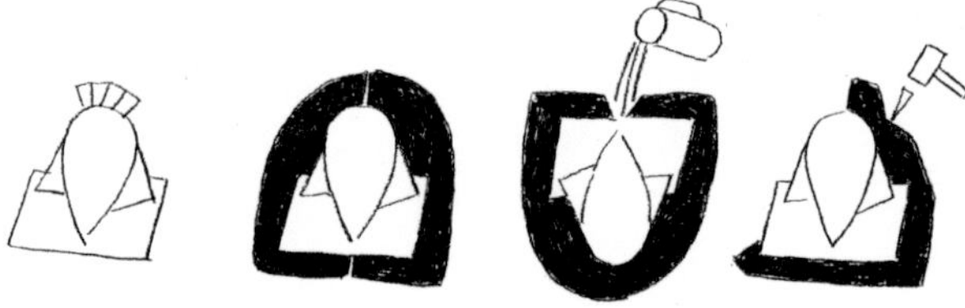

Abb. 10   Trennnaht, Gipsmantel, Negativform, Verlorene Form

II. Formverständnis, 1952-1963

Werbeplastik 1952-1955

Meine Eltern waren von der Flucht und meiner plötzlichen Ankunft völlig überrascht. Nun gab es in ihrem kleinen Nachkriegsanbau am Haus der Großeltern erhebliche Platznot, denn der Wohnraum war nur als Unterkunft für zwei Personen gedacht. In der Stadt herrschte aufgrund riesiger Kriegsschäden eine große Wohnungsnot mit entsprechendem Arbeitsplatzmangel. Bildhauer waren ohnehin nicht zu gebrauchen. Um zum Lebensunterhalt beizutragen, gelang es mir, in einer kleinen Maschinenfabrik eine Hilfsarbeitertätigkeit zu ergattern. Diese ungewohnte Arbeit konnte aber nicht meine Zukunft sein.

Zunächst ergaben sich zufällige Veränderungen: Meine Eltern konnten im Außenbezirk der Stadt eine Dreizimmerwohnung mieten, sodass zumindest der kleinste Raum mit dem Fensterausblick auf den Garten ein neues Lebensgefühl brachte. Zum anderen ermöglichte mir das Bochumer Kaufhaus Kortum, als Werbeplastiker tätig zu sein. Vor meiner Bewerbung fertigte ich Skizzen aller vierzig Schaufenster des Hauses, dieser Nachweis meiner zeichnerischen Fähigkeit rechtfertigte meine Anstellung.

Bei der täglichen Arbeit ging es um die Herstellung von Blickfängen für auszustellende Verkaufswaren. Der Chefdekorateur hatte vor dem Krieg im Kaufhaus „Wertheim" am Leipziger Platz in Berlin gearbeitet und viele Ideen, Konzepte und eine Menge Erfahrung mit nach Bochum gebracht. Seine Schaufensterinstallationen waren vom architektonischen Aufbau bestimmt: Flächen, Säulen, Würfel und Kegel waren in einfacher Farbgebung beklebt oder gestrichen. Fertigteile ließen sich rhythmisch seriell verändern; Nägel, Aufleimungen oder Bohrlöcher auf Flächen anbringen und einfärben; Schriften, Streifen und Ornamente miteinander kombinieren; Vorhandenes entfremden; Schaufensterfiguren mit Stoffen oder durchsichtiger Folie verhüllen; motorgetriebene Formen oder manuell bewegliche Tiere und Figuren aus Maschendraht kaschieren. Effektvoll und preiswert waren einfache Papierarbeiten. Einfache Zuschnitte aus Karton ließen sich einschneiden, kanten, kleben und nach Wunsch formen.

Das Tagesgeschehen hatte keinen künstlerischen Anspruch, es waren Gestaltungen für kurzlebige Aktionen. Mein Anteil bestand in der Ausführung gegebener Konzepte. 1953 erhielt ich vom Direktor des Kaufhauses Kortum den Auftrag, mehrere in Eichenholz zu schnitzende Wegweiser für den Tierpark der Stadt Bochum herzustellen, die im Sommer desselben Jahres aufgestellt wurden. Ich wählte Motive der im Tierpark lebenden Tiere. Sie waren deutlich erkennbar so naturnah gearbeitet, dass sie als „künstlerische" Bereicherung angesehen wurden.

Der Chef unserer Dekorationsabteilung interessierte sich für alle Materialien, die sich irgendwie für Werbezwecke einsetzen ließen. Ein Jahr später wurde ich zur Kunststoffmesse nach Düsseldorf geschickt, um von dieser Ausstellung Materialproben und Händleradressen mitzubringen. So lernte ich neuartige Substanzen kennen, wobei Duroplaste, Thermoplaste, Elastomere in Form von Halbzeugen und Folien in einem großen Angebot vorlagen, die wir dann entsprechend zu Blickfängen der Schaufenster verarbeiteten.

Im Herbst präsentierte der Chefdekorateur in der täglich stattfindenden Morgenbesprechung seinen Gestaltungsvorschlag für zirka vierzig Schaufenster des Hauses. Es sollten zwei gleich angezogene Schaufensterfiguren nebeneinander stehen. Während eine in der Originalfassung verblieb, war die zweite Figur mit einer klarsichtigen Kunststofffolie umhüllt und mittels fester Kordel zu einem Paket verpackt.

Dieses gegensätzliche Nebeneinander wurde für alle Verkaufsprodukte eingesetzt. Obwohl jeder von uns die übliche Verpackungsart mit Packpapier kannte, ergab leicht bläulich

36

schimmerndes Folienmaterial aus Polyvinylchlorid mit seiner Durchsichtigkeit einen besonderen Werbeeffekt, und so wurde entsprechend dieser Vorgabe die gesamte Schaufensterfront des Kaufhauses ausgestattet. Es stand also stets eine normale Ware neben einer folienverpackten und ergab somit einen guten Blickfang.

Ich hätte deshalb niemals gedacht, dass viele Jahre später eine Düsseldorfer Altstadtgalerie folienverpackte Gegenstände als neueste Kunst präsentieren würde.

Kunsterfahrung 1955-1958

Die Tätigkeit in der Werbeabteilung des Kaufhauses bedeutete, von morgens bis abends bei Lampenlicht im Kellergeschoss zu arbeiten. Wie sollte Kunst zu erfahren sein? Bildende Kunst zählte in Bochum wenig. Es gab die Ruhrfestspiele Recklinghausen und das Folkwang Museum in Essen. Zum Besuch dieser guten Ausstellungsorte standen aus zeitlichen Gründen nur die Sonntage zur Verfügung.

Obwohl die ganztägige Beschäftigung mit kurzlebigen Objekten der Werbung zum Lebensunterhalt beitrug, sollte meine Auseinandersetzung mit Meisterwerken der bildenden Kunst nicht vernachlässigt werden, und so machte ich während der Museumsbesuche auf Studienblättern Analysen von bekannten Meistern, um die gestalterischen Grundlagen zu erforschen. Dabei offenbarten sich unüberbrückbare Gegensätze zwischen den Werten eines Kunstwerks und einer zu Werbezwecken gestalteten Idee.

Eine Zeichnung von Oskar Schlemmer (1888-1943) machte deutlich, dass sich der von ihm gestaltete Menschentyp formal logisch aufbaut, aber einfach gezeichnete Linien auf dem Papier sich zunächst nur mit Draht nachbiegen lassen, ohne damit einen plastischen Anspruch zu erheben.

Dieser Vorgang ist der Weg von der Zeichnung zum Flachrelief und in allen künstlerischen Techniken denkbar und ausführbar. (Abb. 11)

Die Analyse macht deutlich, dass die Grundform mit einer geraden Linie beginnt. Die Achse Halsgrube und Bauchnabel bekommt in der Zeichnung Volumen durch zwei nach links und rechts gezeichneter Bögen, die, rhythmisch gesteigert, den architektonischen Aufbau der Figur bestimmt. Arme und Beine passen sich dieser formalen Ordnung an. Diese Konstruktionselemente gehen einerseits bis ins Detail und sind andererseits der bestimmende konstruktive Ausgangspunkt der Figurenfindung. (Abb. 12)

Formen aus Draht sind noch keine Plastiken, sie unterliegen anderen Gesetzen und sind der Zeichnung näher als der Skulptur. Plastisches Volumen erzeugt sich aus dem inneren Druck gegen die äußere Masse eines Körpers. Diese physikalische Verhaltensweise verändert sich auch nicht bei Abgüssen menschlicher Körperteile. Ein aufgeblasener Luftballon, im Gipsgussverfahren umgeformt, machte deutlich, dass Volumen erst durch zusätzlich geschaffene Kanten, Höhen und Tiefen das plastische Gefühl des Menschen erreicht und auch so empfunden wird. Der Gedanke, bildnerische Arbeiten nach Gestaltungsmerkmalen zu erkunden, auf die bereits Wilhelm Löber in der Staatlichen Schnitzschule hingewiesen hatte, trug nun Früchte. Ich entdeckte nun ein Zusammenspiel mit den Formvariationen des Schachspiels und den logischen Vorgängen in kurzen und langen Schritten –

Lang: Turm, Läufer und deren Kombination Dame.
Kurz: Bauer, Springer und deren Kombination König.
                 (Abb. 13)

Zu eigener Bildhauerarbeit kam ich selten, aber dennoch versuchte ich, aus der gewonnenen Erkenntnis aus kurzen und langen Schritten sowie der gebogenen Linie in konvexer und konkaver Form die Grundlage einer Plastik zu schaffen. (Abb. 14)

So entstand ein kleiner weiblicher Torso, der gleichartige Formelemente am Kopf, den Oberarmen und den Unterschenkeln erhielt und damit im Einklang der Volumina von Brust und Kniegelenken als wesentliche Bestandteile der Figur stand. Die Arbeit schöpfte aus dieser konsequenten Anwendung ihr Eigenleben. Ich formte die Plastik aus Plastilin und stellte davon eine Negativform aus Gips her. Nach dem Trocknen der Gipsform goss ich den Hohlraum mit flüssigem Zinn aus, das zuvor auf dem Gasherd erhitzt worden war. Ich goss diese Figur zweimal. Während der erste Guss sich noch in meinem Privatbesitz befindet, wurde der 1955 entstandene Zweitguss später von der Kunstsammlung der Kunstakademie Düsseldorf angekauft. (Abb. 15)

Da mein Broterwerb kontraproduktiv zur bildenden Kunst stand, brachte er automatisch eine innere Unruhe mit sich. Teilweise gab es terminbedingte Vorgaben des Kaufhauses. Neue Materialien brachten neue Probleme, deren Fragen auch außerhalb meiner Arbeitszeit zu lösen waren.

Abends besuchte ich im 1953 wieder eröffneten Schauspielhaus Bochum Theater- oder Konzertveranstaltungen, die wir unter Freunden werteten und allesamt nach unserem individuellen Maßstab diskutierten. In der Bildhauerei und der Architektur ist die Form ein wesentliches Element, das Detail passt sich entsprechend an. Die Schauspielkunst unterliegt diesem Gesetz ebenfalls. Der damalige Intendant des Hauses Hans Schalla (1905-1983) beachtete meines Wissens weitgehend diese Regel. Seine Aufführungen wurden von Inhalt und Wort bestimmt. Er placierte die Figuren und ordnete in Form und Farbe die Kostüme unter. Da zudem noch das Bühnenbild sparsam eingesetzt wurde, ermöglichte diese Ausgewogenheit herausragende Aufführungen.

Gastregisseure hatten im Gegensatz dazu oftmals ihre Probleme, es gab teilweise unlogisch aufgebaute „Regiestreiche". Kostüme oder Bühnenbild standen viel zu oft im Widerspruch zum Wort.

Bei Konzertveranstaltungen zeigten sich dagegen hervorragende Solisten mit klassischer Musik von Johann Sebastian Bach (1685-1750) bis Gustav Mahler (1860-1911).

Bei modernen Kompositionen gab es ähnliche Probleme, wie sie auch in der Bildhauerei vorkamen. Zwischen jeweils disharmonischen Klangfolgen fehlten logische Übergänge, um überzeugen zu können – wie am nachstehenden Wortspiel demonstriert, in dem fett gedruckte Buchstaben das Thema symbolisieren und fein gedruckte die Übergänge interpretieren.

---

k . . . **g** . . **u** . . **e**
  l   a   n   s   t   d   i

Werner Grosch, Klangstudie, 1956

Anstatt sich dieser Probleme anzunehmen, wichen moderne Komponisten auf „maschinenähnliche Geräusche" aus und zeigten damit ihre kompositorische Hilflosigkeit, die auch den ausführenden Orchestermitgliedern jeweils Unbehagen bereitete. Gastspiele benachbarter Opernhäuser gingen den traditionellen Weg und passten zeitgeschichtliche Dekorationen und Bühnenbilder der Musik an. Leider fielen die Besetzungen der Hauptrollen oftmals sehr unglücklich aus, sodass die Trennung der Musik vom Wort ratsam erschien.

Ich bevorzugte deshalb das Symphonieorchester und verzichtete bewusst auf populäre musikalische Massenveranstaltungen einschließlich der Beiträge modernster Malerei.

Insbesondere die beliebten Modeströmungen „Tachismus" und „Action Painting" erlaubten alle Freiheiten, mit der Einschränkung, dass Vertreter dieser erprobten Vorgaben keinen eigenen Erfindergeist brauchten. Sie variierten temperamentvoll das Vorgegebene, als würde ein populäres Violinkonzert von verschiedenen Solisten interpretiert. Diese formlose Zufallsmalerei mit ihren Farbverläufen aus verdünnten und dunklen Klecksverbindungen, deren Farbe aus einem löchrigen Topf floss, wäre im reduzierten Maß auch als dekorativer Schaufensterblickfang einer Stoffabteilung geeignet gewesen, das heißt, jeder normal tätige Schaufensterdekorateur hätte sich entsprechend farblich betätigen können.

Dagegen war eine Arbeit von Paul Klee vom großen Verständnis der Farb- und Formzusammenhänge geprägt. Ich sah 1958, anlässlich einer Ausstellung der Ruhrfestspiele in Recklinghausen, ein Pastell im normal fassbaren Format aus dem Jahr 1937. Die Analyse auf meinem Studienblatt ergab eine Kombination aus Farbflächen und Linien. In der Wahl seiner Farben hatte Klee drei Komplementärpaare eingesetzt und logisch miteinander verknüpft. So standen Rot und Grün direkt nebeneinander, während die Komplementärfarben Blau und Orange über andere Farben hinwegsprangen. Das dritte Farbpaar gab die Verbindung zwischen Untergrund und Farbfläche. Der gelbe Ton diente als Grundfarbe des Pastells und trat nur sparsam an den Rändern der sich anstoßenden anderen Farben hervor. Der Logik folgend, war die Farbe Gelb vorhanden! Der komplementäre Farbton Violett ordnete sich auf gleicher Ebene zu den bereits vorhandenen Farben. (Abb. 16)

Sorgsam auf gleicher Helligkeitsstufe gemalte Flächen erhielten kräftige schwarze Linien, die, von einer Geraden verändert, das architektonische Gerüst bilden, aber gleichzeitig auch das vierte Farbpaar Schwarz und Weiß einsetzen. Somit sind in dem Bild alle Bunt- und Unbuntfarben vorhanden. (Abb. 17)

Durch dieses Studienblatt hatten sich nun auch die offenen Fragen geklärt, die sich 1943 aus dem Konflikt zwischen dem „Gartenplan" von Paul Klee und der Münchener Ausstellung ergeben hatte. Ich analysierte von nun an mit Verstand gestaltete Bilder und Plastiken.

Das innere Bedürfnis zur Kunst also war stärker ausgeprägt,

als nur vorgegebene Ideen dekorationsplastisch umzusetzen und auszuführen. Für mich als Siebenundzwanzigjährigen war die Beschäftigung im Kaufhaus nicht das Ziel der Träume.

Das Bildhauerstudium sollte sich so oder so an einer Hochschule fortsetzen lassen. Die Düsseldorfer Kunstakademie lag eine Eilzugstunde von Bochum entfernt, aber das Studium erforderte nicht vorhandene Zahlungsmittel. Die Voraussetzungen und alle sonstigen Konstellationen sprachen dagegen, deshalb nutzte ich während eines Besuchs in Düsseldorf die Gelegenheit, zumindest den „geweihten Ort" von innen zu besichtigen. Die Türschilder wiesen auf den sich dahinter verbergenden Raum hin, sodass ich jeweils mit viel Respekt vor den Ateliertüren der Professoren stand.

Im Erdgeschoss des Akademiegebäudes wollte es der Glücksfall, dass, nachdem der Name gelesen und die Identität des dahinter liegenden Ateliers bekannt war, sich die Tür öffnete und ein älterer Herr heraustrat und nach meinem Wunsch fragte – es war der Bildhauer Professor Zoltán Székessy.

Nach meiner verlegenen Antwort: „Ich wollte gerade zu Ihnen", bat er mich in sein Atelier. Professor Székessy (1899-1968) war Ungar, sehr freundlich und hilfsbereit. Zu meiner Verwunderung gab es in seinem Atelier keine Plastiken oder Zeichnungen. Der Raum hatte lediglich einen Schrank, einen Tisch und ein lederbezogenes Sofa. Die Wände waren weißlich grau.

Sein Interesse galt meinem Studienwunsch und den damit verbundenen Zweifeln. Er interessierte sich sehr für die Staatliche Schnitzschule und für Wilhelm Löber, den er aus seiner Studienzeit bei Gerhard Marcks (1889-1981) kannte. Sie hatten gemeinsam an der Kunstschule Burg Giebichenstein in Halle studiert.

Nach diesem ausführlichen Gespräch kam für mich unerwartet sein Vorschlag, mittels einer staatlichen Finanzierungshilfe das Bildhauerstudium in seiner Klasse aufzunehmen. Damit stand der offiziellen Immatrikulation mit Beginn des Sommersemesters 1958 nichts mehr im Weg.

Kunstakademie. 1958-1961

Mit Beginn des ersten Semesters konnte ich im vierten Stock eines Altbaus eine kleine Dachwohnung mieten. Diese lag direkt am Rhein neben der Oberkasseler Rheinbrücke. Aus dem Fenster ließen sich die wunderschönen Rheinwiesen, Schiffe aller Art, das Gebäude der Kunstakademie und in der Ferne die Altstadt überblicken. Dank der Studentenförderung der Bundesregierung, die mithilfe des „Honnefer Modells" begabten Studenten Stipendien und Darlehen gewährte, waren die wesentlichsten Unterhaltskosten abgedeckt. Bei künstlerischer Arbeit korrigierte Prof. Székessy sehr behutsam. Seine Klasse war mit männlichen Studenten überbelegt, Kommilitoninnen gab es nicht.

Die Kunstakademie hatte eine hauseigene Bronzegießerei, die ein Erzgießer betreute, der gleichzeitig den Studenten bei der komplizierten Technik hilfreich zur Seite stand. Eine kleine Plastik, die noch während der Kaufhauszeit entstanden war, reizte zu einer Bronzefassung, und so konnte ich im ersten Semester die mir bisher noch unbekannte Bildhauertechnik erproben.

Das Abgussverfahren besteht aus einzeln abnehmbaren Formteilen mit Formsand, die sich als Stückform zusammensetzen lassen. Der Sand ist feinkörnig und während der Bearbeitung in feuchtem Zustand. Die einzelnen Formteile werden konisch geschnitten und isoliert, was ein leichtes Abnehmen der verschiedenen Teilstücke vom Modell garantiert.

Dieser Vorgang ist notwendig, weil ein festes Gipsmodell sich nicht – wie bei einem Tonmodell möglich – nur aus zwei Formhälften herstellen lässt. Alle Teile der Stückform werden durch einen äußeren, ebenfalls abnehmbaren Mantel zusammengehalten.

Kleinste Formate sind im Vollguss möglich, wobei das Metall um drei bis fünf Prozent schrumpft. Handgroße Plastiken werden mit einer dünnwandigen Metallstärke geformt. Dazu wird in der abnehmbaren Stückform zunächst ein an Eisenstäben hängender Sandkern eingearbeitet. Nach der Herausnahme des Kerns werden an der Außenfläche zwei bis drei Millimeter für die tatsächliche Metallstärke abgeschabt. Zwischen der Negativform und dem Sandkern entsteht folglich ein leerer Raum, in den später die Bronze einfließen kann. Die Gussform ist dann endgültig vorbereitet, wenn der Eingusstrichter groß genug und Luftkanäle eingearbeitet sind, damit die im Körper vorhandene Luft beim Einguss des Metalls entweichen kann. (Abb. 18)

Vor dem Guss muss die feuchte Sandform unbedingt im Ofen getrocknet werden. Das physikalische Verhalten zwischen Feuer und Wasser (glühendes Metall und feuchte Sandform) ließe sonst nach Einguss des Metalls eine kochend poröse Oberfläche entstehen und die sorgsam hergestellte Sandform zerstören.

Zum Wintersemester 1958/59 wurde die vakante Professorenstelle der dritten Bildhauerklasse von einem jungen Bildhauer besetzt, der als Stipendiat von der „Villa Massimo" in Rom an die Düsseldorfer Kunstakademie berufen wurde.

Sein Werk offenbarte Fremdeinflüsse, die eine Berufung als Professor fragwürdig erscheinen ließen, weshalb niemand in die neue Klasse wechseln wollte. Erst nach der jeweiligen persönlichen Nachfrage fiel die administrative Entscheidung, dass der zuletzt Immatrikulierte automatisch wechseln müsse –und das war ich.

Mein Wechsel geschah also unfreiwillig und schuf keine vertrauensvolle Grundlage, aber dieser machtvollen Entscheidung konnte nicht widersprochen werden. Als Betroffener nun einem nur um vier Jahre älteren Professor anvertraut zu sein, der aufgrund meiner eigenen mehrjährigen Erfahrung nicht die Erwartungen erfüllte und das Studium damit erheblich behinderte, war nicht im Sinn meiner künstlerischen Entwicklung, sodass mein Verbleib in der Klasse Székessy gerechtfertigt gewesen wäre.

Das Studium in der neuen Bildhauerklasse setzte sich sonderbarerweise dahingehend fort, dass der junge Professor in der ersten Zeit vormittags die Hilfe bei der Renovierung seiner neuen

Wohnung wünschte, die nur einige Straßen entfernt in Oberkassel lag. Nachmittags stand im Schüleratelier ein weibliches Aktmodell zur Verfügung. Es entstanden lebensgroße Zeichnungen, bei denen ich Querschnitte einzeichnete, wie ich es als damals Zwölfjähriger beim Bau meiner Schiffsmodelle erfahren hatte. (Abb. 19)

Das Berufsmodell erlaubte zur Herstellung von Querschnitten und Zeichnungsschablonen das Festlegen von Punkten auf der Haut seines Körpers. Dieser intensive Arbeitsvorgang galt als Vorbereitung einer lebensgroßen Plastik, die, in Ton geformt, später als Zwischenmodell in Gips gegossen und sorgsam in den Höhen und Tiefen abgestimmt werden sollte.

Es kam aber völlig anders. Eine Düsseldorfer Galerie wünschte im Auftrag und nach Angaben von Prof. Rudolf Belling die Herstellung einer Holzfassung vom „Dreiklang", der sich seit 1924 in der Nationalgalerie Berlin befindet und 1937 von den Nationalsozialisten in der Ausstellung „Entartete Kunst" gezeigt wurde. Diese Aufgabe war derart reizvoll und meine holztechnische Fähigkeit vorhanden, sodass ich in Absprache mit meinem Professor den Auftrag übernehmen konnte.

Rudolf Belling (1886-1972) war bereits 1937 in die Türkei emigriert, dort als Leiter der Bildhauerklasse an der Akademie der Schönen Künste in Istanbul tätig und unterrichtete an der Architekturfakultät der Technischen Universität in Istanbul. Die erste Holzfassung entstand nach dem Gipsoriginal, dessen Oberfläche noch rau angetragen und später als Holzunikat in geflammter Birke geschnitzt, geschliffen, auf Mahagoni gebeizt und lackiert wurde.

Ich kannte diese Plastik von einer Abbildung, die Wilhelm Löber bereits in der Staatlichen Schnitzschule Empfertshausen/Rhön gezeigt hatte.

Die abstrakte Darstellung fand ihre Bedeutung durch die Gleichwertigkeit von Volumen und Zwischenraum. Noch bis 1918, also bis zum Ende des Ersten Weltkriegs, wurden Zwischenräume oder Löcher innerhalb einer Skulptur als „tote Form" bezeichnet.

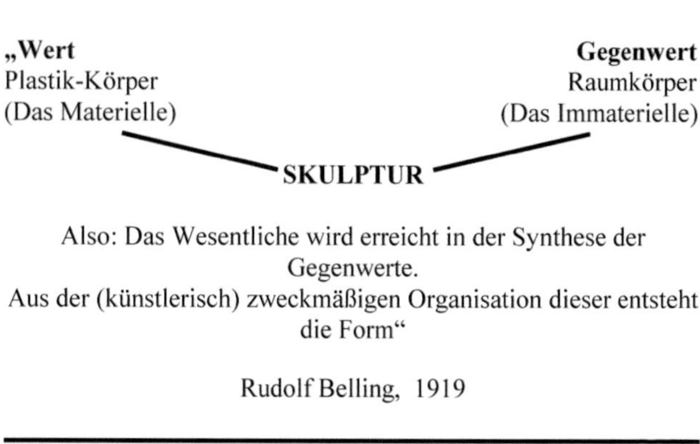

Nun wurde der Raum bewusst in die Skulptur einbezogen und ebenso berücksichtigt wie der Plastikkörper. Die Werte korrespondierten miteinander und bildeten eine plastische Einheit. Dieser Vorgang war die revolutionärste Tat des Bildhauers Rudolf Belling und wegweisend für die Skulptur des 20. Jahrhunderts.

Die Idee war gegeben: Architektur, Proportion und Form bestimmten die Qualität der Plastik.

In meiner Analyse von 1958 konnte ein dreibeiniger Hocker durch Drehung des Sockels und dessen Beine den architektonischen Aufbau der Plastik bilden. Der Raum zwischen zwei Säulen wurde durch ein Verbindungsstück begrenzt und damit in das Gesamtwerk einbezogen.

Die Plastik erhielt expressiv gestaltete Formelemente, die zum innen befindlichen Raumkörper ein Spannungsverhältnis erzeugten und die einfältige Form des Stuhlbeins plastisch formten. Um den Innendruck des Plastikkörpers spürbar zu machen, wurden gerade Flächen konvex modelliert und gleichzeitig die komplizierten Übergänge zum Volumen geschaffen.

Es wird in meiner Analyse deutlich, dass eine Röhre im bildhauerischen Sinn keine Plastik ist. (Abb. 20)

Rudolf Belling besaß vom „Dreiklang" ein weiß lackiertes Gipsmodell, nach dem sich seinem Wunsch entsprechend arbeiten ließ. (Abb. 21)

Der technische Ablauf ist dem Arbeitsgang gleichzusetzen, den auch ein Bronzegießer vornimmt, mit dem Unterschied: Der Gießer formt ab, während der Holzbildhauer eine punktgenaue Übertragung vornimmt.

Der ursprüngliche Gedanke, ebenfalls wie 1924 geflammte Birke zu verwenden, scheiterte am nicht mehr erhältlichen Material. Um eine sichtbare Holzmaserung zu erhalten, wählte ich Rüsternholz, das zur Gattung der Ulmengewächse gehört und in einem Sägewerk verfügbar war.

Hölzer sind selten trocken. Um ein Reißen zu verhindern, beachtet der Experte an der Stirnseite der Holzbohle den Verlauf der Jahresringe. Die dem Kern zugekehrte „rechte" Seite ist rund geworden, die „linke" stammäußere infolgedessen hohl.

Das erklärt sich wie folgt: Die Frühholzschicht eines Stammes (Splintholz) nimmt mehr Feuchtigkeit auf als der Kern, trocknet also nach dem Aufschneiden schneller und zieht sich daher stärker zusammen. Dieser natürliche Vorgang ist bei der Verleimung einer Holzplastik zu berücksichtigen, und deshalb werden „rechte" und „linke" Seiten gegeneinander gesetzt, denn würde sich das Holz während des Arbeitsprozesses wegen falscher Verleimung verziehen, wäre die Punktgenauigkeit der Übertragung nicht mehr garantiert. Ich zerlegte zunächst das Gipsmodell in drei Teile, um jede Form separat zu schnitzen und später wieder zusammenzufügen.

Die genaue Übertragung geschieht mithilfe eines Punktiergeräts, das sowohl am Gipsmodell als auch abnehmbar am zu schnitzenden Holz eingehängt wird, um den vorher bestimmten Punkt der Form zu übertragen. Die Aufhängevorrichtung wird folgendermaßen hergestellt: Eine senkrechte Leiste ist unten mit einer Querleiste verbunden. An den entstandenen drei Enden werden in der Querleiste zwei bleistiftförmige Metallstäbe verschraubt. An der senkrechten Leiste ist oben der Metallstab mit einer Lochvertiefung versehen. Das Holzkreuz dient als Halterung für das anzuschraubende Punktiergerät und wird an einem Nagel am Kopfende des Modells eingehängt. Unten sind zwei Blechvertiefungen als Kerben angebracht, damit die wie Bleistifte geformten Metallspitzen eine passgenaue Führung bekommen, ohne nach links oder rechts abweichen zu können. (Abb. 22)

Das gesamte System war abnehmbar und musste am Holzwerkstück mit gleicher Führungsvorrichtung versehen sein. Von der Qualität dieser Vorarbeit hing das Gelingen der auszuführenden Arbeit ab. Die jeweils abzunehmenden Punkte wurden sowohl am Gipsmodell als auch am Holzwerkstück mit einem Bleistift gekennzeichnet. Das Punktiergerät bestand aus Messingröhren, die an den Enden mit Kugelgelenken versehen waren und sich manuell feststellen ließen. Demzufolge war jeder Punkt des Modells erreichbar. Durch eine verschiebbare Tiefeneinstellung ließen sich alle erforderlichen Punkte am Modell ertasten und auf dem Holzwerkstück nachbilden. (Abb. 23)

Je mehr Punkte vom Modell abgenommen und übertragen wurden, umso genauer konnte der Formverlauf des Originals nachempfunden werden. Sehr positiv wirkte nun mein durch Analyse entwickeltes Formempfinden. Ich sah die plastischen Zusammenhänge, die Gliederung der Form und kleinste plastische Erhöhungen der Flächen.

Von den Ausführenden wird eine überzeugende werkgerechte Arbeit verlangt. Die originalgetreue Wiedergabe ist der eines Sinfonieorchesters vergleichbar. Punkte oder Noten – der Bildhauer oder Komponist ist der Schöpfer seines Werkes.

Ende des Wintersemesters 1958/59 überprüfte Rudolf Belling mit dem Taster die Genauigkeit der neu gefertigten Holzplastik, die später in den Besitz des Wilhelm-Lehmbruck-Museums in Duisburg kam. Während ein Düsseldorfer Bildgießer das Gipsmodell zur Herstellung einer ersten Bronzefassung erhielt, schnitzte ich als Folgeauftrag den ursprünglich 1921 entstandenen „Kopf in Mahagoni", der wegen seines gleichberechtigt gestalteten Hohlraums sehr kompliziert in Holz zu übertragen war, obwohl die gleiche technische Voraussetzung galt.

Entscheidend ist der schöpferische Prozess: „Plastikkörper und Raumkörper ergeben erst die Skulptur, wobei der den Körper umgebende Raum bei der plastischen Gestaltung mit einzubeziehen ist." So lautete die Theorie von Rudolf Belling.

Durch seine 1918/19 geschaffene Skulptur konnte ich diesen plastischen Ablauf prüfbar nachempfinden.

Der Logik folgend, entdeckte ich einen anderen unbekannten Weg bildnerischer Gestaltung und entwickelte die Theorie: „Der Raum umschließt, durchdringt und zerteilt den Körper", was im übertragenden Sinn zu „zerlegbare" Plastik führte. (Abb. 24)

Von diesem Gedanken beflügelt, machte ich im Frühjahr 1959 eine mehrwöchige Studienreise ins mir unbekannte Griechenland. Sie ging von Athen nach Delphi, den Peloponnes mit Olympia, Mykene, Patras, Sparta und den Inseln Mykonos und Rhodos. Während dieser Reise war deutlich erkennbar, dass es selbst in der frühen minoisch-griechischen Plastik keinen Ansatzpunkt für „zerlegbare" Plastik gab. Die Idee hatte in der plastischen Gestaltung keinen Vorläufer und wurde somit für meine neuen Arbeiten richtungweisend. Erkenntnisreich waren die zusammengefügten sieben bis zehn Meter dicken und sich selbst tragenden Steine der „kyklopischen" Mauern in Tiryns auf dem Peloponnes. Die auf einem Felsen gelegene Anlage wurde von Heinrich Schliemann (1822-1890) schon 1884 teilweise freigelegt. Aber meine geistige Auseinandersetzung mit dem „Raumproblem in der Plastik" hatte bereits während der Arbeit am „Dreiklang" stattgefunden.

Völlig verselbstständigt entwickelte sich ein architekturähnlicher Körper, der bereits in seinen Tiefen den Ansatz einer „zerlegbaren" Plastik andeutete. Diese Skizze bestand nur aus geraden und halbkreisförmigen Linien, die richtig geordnet, sich zu neuer plastischer Dimension entwickelt hatten.

Der entscheidende Schritt war getan. Nun hatte sich meine Betrachtungsweise völlig umgestellt. Jede Linie einer Zeichnung beeinflusste das Gehirn und beschwor die „Teilbarkeit" des dargestellten Körpers. Folglich wurden die Linien dichter, kräftiger, sodass sich selbst nur aus gerader und gebogener Linie „zerlegbare" Plastik entwickelte.

Das war der deutliche Hinweis zur konstruktiven Gestaltungsvorgabe, die unter Anwendung der bereits mit Zahlen erprobten Proportionsreihe ein unterschiedliches Volumen ergab und so bereits vor dem Modelliervorgang konstruiertes Detail zusammenführte, woraus sich rückwirkend die Teilbarkeit des plastischen Körpers herstellen ließ.

Bei den ersten Kleinplastiken deutete ich zunächst mit tiefen Kerben die „Zerlegbarkeit" an, aber aus Sorge, die Idee an einen anderen Kommilitonen leichtfertig zu verlieren, entstanden diese Arbeiten nicht in der Kunstakademie.

Mit Beginn des Sommersemesters wurde unsere Bildhauerklasse mit sehr sympathischen Studentinnen belegt, unter ihnen eine junge Frau, die ihren wohlgeformten Körper mit dem als Pferdeschwanz gebundenen Haaren stets in einem zögernd federnden Schritt bewegte. Sie kam vom Werklehrerseminar und beabsichtigte, ihr Kunsterzieherinnenstudium fortzusetzen. Ihre eigenwillige Erscheinung erregte auch das Interesse unseres jungen Professors.

Obwohl verheiratet und Vater eines Sohnes, schien ihn unsere bereits entstandene Beziehung zu stören, und so ergab sich eine unangenehme gespannte Situation, worunter auch mein Studium litt.

Offiziell arbeitete ich an einer lebensgroßen Aktstudie, die, in Ton modelliert, naturnahe plastische Werte erkundete. Der ursprünglich vorgesehene Aufbau mit Querschnitten und Schablonen, wie vor der Holzarbeit geplant, ließ sich leider nicht bewerkstelligen. Das Berufsmodell stand wegen ihrer Auswanderung nach Australien nicht mehr zur Verfügung. In einer bestimmten Phase der Arbeit wäre eine Hilfestellung des Professors angebracht gewesen, aber wie ich befürchtete, konnte er das anstehende plastische Formproblem nicht durch einen logischen Lösungsvorschlag beseitigen. Jedenfalls entzog er sich weitgehend seiner Korrekturverpflichtung, sodass ich letztlich die aufgebaute Arbeit wieder abriss. Da ich modellierfähigen Ton verarbeitet hatte, drängten meine Kommilitonen, denn das Material musste auch für ihre eigene Arbeiten zur Verfügung stehen.

Das angespannte Verhältnis zwischen den menschlich Beteiligten bereinigte sich auch nicht, nachdem der weibliche Anteil die Kunstakademie verlassen hatte, um seine Studien anderenorts fortzuführen. So nutzte ich die Gelegenheit zum Klassenwechsel innerhalb des Hauses, nachdem Professor Székessy den Ankauf meiner „Stehenden Figur" aus Zinn für die Kunstsammlung der Kunstakademie ermöglichte.

Das neue Semester begann, und die neue Idee „zerlegbare" Plastik war künstlerisch so interessant, dass die Realisierung keinen Aufschub zuließ. Aber Bildhauerei ist nicht nur ein Geduldsspiel. Nun erhielt die technische Frage der „Zerlegbarkeit" einer Plastik ihren entscheidenden Anstoß. In der weiteren Entwicklung mussten bildnerische Regeln mit einbezogen werden. Architektur, Proportion und Form sollten für ein überzeugendes Ergebnis sorgen. Jede einzelne Phase geschah unter Beachtung erforderlicher Regel in logischen Schritten, denn: „Der geringste Fehler rächt sich."

Eine Plastik in viele Teile zu zerlegen, ist weniger ein technisches, als vielmehr ein Problem des architektonischen Aufbaus, der Abstimmung von Proportion und Form. Insofern bot sich unter verschiedensten Entwürfen die Darstellung einer „Kopfform" an. Die technischen Schritte sind einfach erklärt: Die aus Sperrholz gesägte Konstruktion der Umrisslinie wurde inmitten einer großen Masse Modellierton eingepackt, überstehende Reste entlang der Holzkante beseitigt, auf diese Weise das Profil des Kopfes festgelegt und die Vorderansicht entsprechend der vorbereiteten Sperrholzform im Volumen angeglichen. Durch die vorgegebene Konstruktion ließen sich die restlichen Linien zunächst mit dem Messer in den Ton einritzen, anschließend sorgten sehr tiefe Einschnitte dafür, dass der den Körper umgebende Raum in das bestehende Volumen eindringen und später zerteilen konnte.

Nach dieser klaren Entscheidung wurde sorgfältig das plastische Volumen mit seinen Übergängen erarbeitet – wohl der wichtigste Vorgang, denn hier sind Sensibilität und das erforderliche Wissen des Bildhauers gefragt.

Nachdem das Tonmodell fast vollendet erschien, war der Geist noch nicht befriedigt, die „Teilbarkeit" der Plastik noch nicht erfüllt, deshalb wurde die Plastik im Verfahren der „verlorenen Form" in Gips umgegossen.

Die Teilbarkeit des Gipskörpers ließ sich mit zwei in sich gedrehten Stahldrähten, vergleichbar einer normalen Säge, durchführen. Aufgrund der eigenwilligen Sägetechnik entstanden viele Einzelteile, die als knochenähnliche Formen erschienen. Die selbsttragende Funktion musste teilweise durch angesetzte Passstücke mit einem Führungskern aus Gips ineinander greifen, um ein neues Gesamtgefüge zu ergeben. Die Oberfläche der Plastik wurde mit Ölfarbe im Farbton Coelinblau eingefärbt, es durfte nicht der Eindruck einer Materialimitation entstehen. (Abb. 25)

Nun reizte mich auch das ergänzende grafische Geschehen und

so empfand ich, dass in der Methode alter Meister Radierungen entstehen sollten. Die Kunstakademie Düsseldorf besaß eine sehr gut ausgestattete Grafikwerkstatt. In der Bibliothek der Akademie galt es zunächst, gesammelte Radiererfahrungen nachzulesen. Praktisch konnte aber nur heimlich gedruckt werden, denn der zuständige Professor wünschte keine „Fremdlinge" in seiner Klasse, seine Werkstatt war mit künftigen Kunsterziehern ausgelastet.

So ließ sich auch das Aquatintaverfahren, welches tiefschwarze Flächen ermöglicht, nicht experimentell nachvollziehen. Ein in der Radiertechnik gezeichnetes und gedrucktes Einzelblatt befasste sich mit Plastik, Raum und Übergängen von der Fläche zum Volumen. Der Radierversuch fand in der kleinen Dachwohnung am Rhein statt. Ein Kommilitone hatte die Zinkplatte mit Ätzgrund versehen, so entstand mit einfacher Nadel geritzt zeichnerisch die Illusion teilbarer Plastik. Linien erzeugten mittels eng gesetzter Punkte „formunterstützende" plastische Übergänge und Volumina. (Abb. 26)

Während eine „zerlegbare" Plastik in herkömmlicher Technik für mich nicht bezahlbar war, nutzte ich die Kunststoffmasse Polyester, eine Spachtelmasse für Autos, die sich in kleinsten Mengen verarbeiten ließ. Ich befand mich im sechsten Semester und beabsichtigte, mit einigen größeren Arbeiten nach zwei weiteren Semestern den Abschluss eines Meisterschülers zu erhalten.

Wegen Überfüllung des Schülerateliers der Klasse Székessy herrschte enorme Platznot, sodass nach einem persönlichen Gespräch mit Professor Joseph Beuys (1921-1986) ein nochmaliger Klassenwechsel mit Beginn des siebenten Semesters möglich erschien. Ich wollte frei sein, mein Studium mit einer Anzahl überzeugender Plastiken und Grafiken beenden.

Dieser Schritt musste getan werden, wenn auch bei Joseph Beuys skulpturnahe Elemente nicht erkennbar waren. Im Gegensatz zu Rudolf Belling mit seinem „Dreiklang" ließen sich diese Arbeiten vielmehr medienwirksam verbreiten:

So bestand seine „Fettecke" aus einem Päckchen Butter, das sich in der oberen Ecke eines Türrahmens befand, von wo es, langsam abschmelzend, sich dem Boden näherte, auf dem ein Stück Filz lag. Diese Arbeit näherte sich aber nach meiner Auffassung eigentlich mehr dem Dadaismus, der um 1918 mit „Spott und Spiel" im damaligen Kunstgeschehen auftauchte. Mir erschien es, als hätten seine Werke „bühnenähnlichen Charakter", folglich sah ich wegen nicht übereinstimmender Disziplinen keinen neuen Impuls für die Bildhauerei und wurde nie davon berührt.

Leider war meine Planung sinnlos, denn selbst unter den neuen Bedingungen war das gespannte Verhältnis zu meinem jungen Ex-Professor nicht mehr korrigierbar. Mit seiner unvergessenen Eifersucht ging er – seine Macht ausnutzend – obwohl ich nicht mehr Student seiner Klasse war, so weit, durch geschickt eingefädelten Mehrheitsbeschluss der Professorenkonferenz wegen angeblich „fehlender künstlerischer Qualifikation" meine Exmatrikulation durchzusetzen. Angesichts der Tatsache, dass die Kunstsammlung der Kunstakademie sich zuvor für den Ankauf einer meiner Kleinplastiken entschied, war das ein widerspruchsvoller Vorwand und so milderte Professor Zoltán Székessy diesen „Rausschmiss" mit der offiziellen Bescheinigung: „Er beendet seine Studien auf eigenen Wunsch."

Gegen den Mehrheitsbeschluss der Professorenkonferenz gab es keine Widerspruchsmöglichkeit. Mein junger Ex-Professor hatte im Gegensatz zu seinen Kollegen während meiner sechssemestrigen Studienzeit seinen Studenten keine eigene neue Arbeit bekannt gemacht.

Intermezzo   1961

Durch die vorgenommene Exmatrikulation entfiel einerseits auch
die staatliche Studienbeihilfe, andererseits rechtfertigte das sechs-
semestrige Hochschulstudium einen Studienplatz am Werklehrerseminar in Düsseldorf. An eine derartige Zukunftssicherung,
möglicherweise Schulkinder zu unterrichten, hatte ich bisher
nicht gedacht. Da dieses Studium aussichtsreich erschien, konnte
ich unbelastet die jährlich stattfindende „fünfte Jahreszeit" des
Rheinlandes miterleben. Für einen Westfalen ist der Karneval
am Rhein vor allem dann emotional bedeutsam, wenn er, weit ab
in der DDR wohnend, vom Kölner Karneval mit seinen Liedern
eine andere lustigere Lebensweise präsentiert bekommt. Am Ort
selbst, vor allem in Düsseldorf, konnte der gesamte Trubel auch
schon mal wesentlich nüchterner ausfallen. Selbstverständlich
waren die Narren in der Düsseldorfer Altstadt ebenso von ihrem
Rosenmontagszug begeistert und zeigten auch überschäumende
Lebensfreude. Somit war es nicht verwunderlich, als wir – drei
junge Narren – nach Beendigung des Rosenmontagszugs von
der Altstadt zurück nach Oberkassel gingen, um in unserem
sonst abends aufgesuchten Stammlokal noch weiterhin Freude
zu haben. Aber die Karnevalszeit dient als winterliches Zwi-
schenspiel vor allem dem Geschäft. Insofern war an diesem Tag
nicht nur Ausgelassenheit erwünscht, schon gar nicht, wenn sie
als geschäftsschädigend empfunden wurde. Das Restaurant an
der Luegallee/Ecke Kaiser-Friedrich-Ring war an allen Tischen
besetzt. Sehr geordnet feierten fein gekleidete Damen und entsprechend angepasste Herren offensichtlich Rosenmontag. Wir
gingen ahnungslos mit jugendlicher Lockerheit in das Lokal und
wurden nach zwei bis drei „Helau-Rufen" von unserem Stamm-
wirt unsanft aus dem Lokal verwiesen. Der westfälische Narr
fand das lustig, während die Düsseldorfer tief gekränkt ihr Unverständnis ausdrückten. Karneval ist eine Frage des Geschäfts,

das durfte auch von ein paar lustigen Narren am Rosenmontag nicht geschädigt werden. Nach dieser heiteren Einlage sollte sich mein Leben anders entwickeln.

Da Rudolf Belling schon seine Rückkehr nach Deutschland plante, hatte er von seinem Kollegen Professor Karl Hartung (1908-1967) in Berlin die Zusicherung erhalten, dass ich in seiner Klasse mein Bildhauerstudium ab dem Wintersemester fortsetzen könne. Zu einer Interzonenreise nach Berlin konnte ich mich wegen des Vorgangs von 1952 allerdings nicht entschließen, da eine mögliche Verhaftung durch die Staatssicherheit (Stasi) gegeben war und im gleichen Jahr die Berliner Mauer entstand. Deshalb sicherte Rudolf Belling durch die Vergabe zweier Aufträge meine kleine Wohnung am Rhein sowie den notwendigsten Lebensunterhalt, zu dem erhielt ich elterlichen Zuschuss.

Bei der größeren Arbeit handelte es sich um das „Segelmotiv" von 1959, das in einer Höhe von fünfzig Zentimetern als Bronzemodell für eine Vergrößerung zur Verfügung stand und in doppelter Größe ausgeführt werden sollte. Die bisherige Technik des Punktierverfahrens ließ nur die Übertragung im Maßstab eins zu eins zu, deshalb wurde zur Vergrößerung die sehr komplizierte Punktübertragung von drei Zirkeln übernommen. Für dieses Verfahren waren Reduktionszirkel einzusetzen, die einerseits die abgemessene Strecke in der Originalgröße festlegen, gleichzeitig aber auf der Gegenseite sofort die doppelte Größe bestimmen.

Allerdings erübrigte sich die Anschaffung der Zirkel, da sie in der erforderlichen Größe nicht erhältlich waren, und so musste ich sie eigenhändig herstellen. Ausgetrocknete Hartholzleisten erhielten in ihrer Mitte Bohrlöcher, um die Beweglichkeit und Feststellbarkeit mittels einer Metallschraube mit Flügelmutter sicherzustellen. Als Spitzen für die genaue Punktbestimmung wurden normale, leicht gekrümmte, dreikantige Schusternadeln montiert, die das genaueste Abtasten der Form ermöglichten. Damit die Nadeln sich nicht verdrehten, verband eine Metallschraube die Nadelösen mit einem Bohrloch in der Hartholzleiste. Sowohl am Modell als auch an der größeren Holzmasse mussten zur Bestimmung von Höhe, Breite und Tiefe Ausgangspunkte markiert werden. Da die kleine Abtastung am Modell im Zirkel automatisch die Vergrößerung ergab, ließ sich zunächst nur ein Punkt sehr oberflächlich auf dem Holz anzeichnen. Erst die Hinzuziehung der anderen zwei Zirkelstrecken brachte letztlich das Zusammentreffen aller drei Zirkelspitzen und legte eindeutig den endgültigen Punkt am Holzmodell fest. Dieser Arbeitsvorgang erforderte ein Höchstmaß an Konzentration. Die fertig gestellte Holzplastik verdeutlicht mit ihren Durchbrüchen die Einheit von „Plastikkörper und Raumkörper“, entsprechend der Theorie, in der das „Materielle und das Immaterielle“ die „Skulptur“ ergibt.

Unkompliziert war dagegen die Wiederherstellung einer anderen Skulptur. Die wesentlichsten Gipsteile befanden sich in einem Karton und brauchten nur zusammenmontiert und teilweise ergänzt werden.

So ist in der „Skulptur ’23“ das Problem der „inneren und äußeren Form“ vorweggenommen, bevor siebzehn Jahre später der Bildhauer Henry Moore (1898-1986) seinen „Helm“ von 1940 gestaltete.

Besonderen Wert legte Rudolf Belling auf die Einbeziehung des Raums in der Plastik. Bei seiner Skulptur ist deshalb die richtige Formgebung des äußeren Drahtes, der, vom kugelförmigen Auge herabführend, den Wangenbereich des Kopfes bestimmt – ein wichtiger Bestandteil der gesamten Plastik und von außerordentlicher gestalterischer Bedeutung; dieser Draht ist s-förmig gebogen.

Das Werklehrerseminar in Düsseldorf verhalf als Einrichtung des Kultusministeriums kunstinteressierten Lehrkräften zum zweiten Wahlfach, während für angehende Kunsterzieher der Besuch dieser Fachschule zum zweisemestrigen Pflichtfach zählte. Studenten konnten in diesem Fachbereich ihre Unterrichtsbefähigung für Volks-, mittlere und höhere Schulen erlangen. Die Studentenschaft des Werklehrerseminars bestand aus einer bunten Mischung beiderlei Geschlechts. Es gab darunter angehende Kunsterzieher, Lehrerinnen mit einem ersten Wahlfach, Erzieherinnen kirchlicher und staatlicher Anstalten sowie freie Künstler mit einer bereits absolvierten hohen Semesterzahl der Kunstakademie Düsseldorf.

Von den Altersstufen war das Seminar ähnlich zusammengesetzt wie bereits die Staatliche Schnitzschule um 1950. Im Rahmen dieser Ausbildung informierten verschiedene Dozenten über handwerkliche Techniken, die sich mit mehr oder weniger Geschick für den späteren Unterricht verwenden ließen. Pädagogik und die Unterrichtspraxis an Realschulen zählten zum interessantesten Teil der Ausbildung. Wegen meiner langjährigen Berufserfahrung reichte es aus, handwerkliche Nachweise und Pflichten zu erfüllen, ohne dabei verbesserte Kenntnisse zu erlangen. Schon während der gesamten Ausbildungszeit arbeitete ich gelegentlich an der „Erotik" von 1920, einer Plastik von Rudolf Belling. Da ich die Arbeit immer wieder zurückstellen musste, konnte ich sie letztlich erst im Sommer 1963 beenden.

Am Ende des Studiums hatten wir während des Examens in verschiedenen Fächern mehr oder weniger Zeit, eine praktische Arbeit auszuführen. Im Fachbereich Holzverarbeitung sollte innerhalb von vierzehn Tagen ein für die Unterrichtspraxis geeignetes Modell geschaffen werden, das sich im späteren Unterricht auch von Schülern durchführen ließ.

Daraus ergab sich, dass die Mehrheit der Prüflinge sich für die Herstellung einer Holzschale entschied. Für mich, der bereits während seiner Holzbildhauerlehre mehrere Holzschalen produziert hatte, kam das nicht in Betracht. Ich entschied mich für einen anderen Weg.

Drei unterschiedlich lange Vierkanthölzer wurden an den Enden rechtwinklig in einfacher Schlitz- sowie komplizierterer Schwalbenschwanzverbindung mit der Feinsäge von der Hand gesägt und miteinander verzapft. Die unbearbeiteten Zwischenstücke formte ich plastisch. Weil mein Prüfungsstück nur wenige Tage beanspruchte, war ich für die Restzeit nicht anwesend und konnte schon mit der Vorbereitung zur Vergrößerung des Gipsmodells beginnen, um das mich Rudolf Belling gebeten hatte.

Am letzten Tag der Prüfung ergab sich bei einer Kommilitonin ein Missgeschick. Kurz vor der Fertigstellung zerbrach ihre gearbeitete Holzschale in zwei Teile. Das Entsetzen aller Anwesenden war groß.

Eine Rettung der Situation war nur möglich, wenn der zuständige Lehrer mir in der verbleibenden Zeit die Erlaubnis zur Schaffung einer Ersatzschale geben würde. Er genehmigte es und suchte aus seinem privaten Holz das erforderliche Material aus. Da während meiner Lehrzeit derartige Schalen von Holzschnitzerbetrieben im Akkord hergestellt wurden, gab es also kein Problem und die „Tellergeschädigte" erhielt sogar noch die Note „gut".

Um das Abschlussprüfungszeugnis zu erhalten, ist nach zwei Semestern in allen Einzelfächern der Leistungsnachweis zu erbringen. Während der Klausurarbeit erwartete der Fachbereich Schrift die Herstellung eines mit Tusche und Flachpinsel geschriebenen Blattes in den Formen der antiken, gotischen oder Schwabacher Schrift. Nach der Fertigstellung meines Blattes hatte meine Nachbarin weder Pinsel noch Tusche angerührt und starrte verzweifelt vor sich hin. Ich schob das fertige Blatt zu ihr und übernahm das unberührte weiße Blatt. Ein leichtes Berühren meiner Schulter ließ Böses vermuten. Durchgefallen? Der zuständige Professor erklärte aber überraschend: „Das hätte ich auch so gemacht!“

Damit hatten wir diesen Teil der Prüfungsarbeit unbeschadet überstanden.

Zwischenmodell   1962-1963

Für die in vier Meter Höhe von der Bank für Gemeinwirtschaft Hamburg in Auftrag gegebene Monumentalplastik von 1959 wünschte Rudolf Belling ein Zwischenmodell im Maßstab eins zu drei. Da der Auftrag eilte, begann ich bereits Anfang September 1962 mit der Vorarbeit, um wie gewünscht bis Ende Oktober mit der Arbeit fertig zu sein. Das war insofern problematisch, als im September gleichzeitig die Werklehrerprüfung stattfand, die mit dem Examen enden musste.

Ausgangslage war die kleine Bronzeplastik von fünfzig Zentimeter Höhe, die bereits bei der in Mahagoni erstellten Vergrößerung zur Verfügung stand. Zwischen der Gipsguss- und der Gipsantragstechnik besteht ein wesentlicher Unterschied. Während beim Gipsguss die Verarbeitung im flüssigen Zustand geschieht, verlangt das Antragen dagegen eine Spachtelmasse, die entsprechend der Technik meines Akademieprofessors zur Anwendung kam.

Innerhalb von vier Wochen war das Zwischenmodell fertig, sodass Rudolf Belling letzte Korrekturen für die weitere Vergrößerung vornahm. Dabei platzte während der Bearbeitung mit der Gipsraspel das Material teilweise ab, weil der angetragene Gips wegen fachlich falscher Behandlung unterschiedliche Härtegrade aufwies. Der 1886 geborene Rudolf Belling verstand nicht, dass diese altbewährte Bildhauertechnik in der Kunstakademie nicht mehr vermittelt wurde, und zeigte den richtigen Arbeitsgang:

60

In der Gusstechnik wird der Gips zunächst normal „versaufend" angesetzt, das heißt, Wasser kommt in ein Gefäß, anschließend wird trockener Gips hinzugeschüttet und im flüssigen Zustand verrührt. Bei der Antragstechnik wird dem erstellten flüssigen Gipsbrei nochmals trockener Gips hinzugefügt und kräftig mit dem Spachtel „totgerührt". Am Gipsmodell selbst wird die Stelle zuvor mit Wasser angefeuchtet, damit die Spachtelmasse sich nach dem Auftragen mit dem Untergrund verbindet und bei der späteren Bearbeitung nicht abplatzt.

Das Zwischenmodell 1:3 wurde nach der letzten Überprüfung auf 3 x 1,35 m noch einmal vergrößert, um die eigentlich geforderte Gesamtgröße von 4,05 m zu erreichen. Dazu wurde ein Gerüst aufgebaut, das gleichzeitig die Abmessung im Koordinatensystem ermöglichte. Um den Koloss statisch abzusichern, wurde innerhalb der Plastik eine Eisenkonstruktion errichtet. Höhe, Breite und Tiefe konnten gemessen und mit drei multipliziert den genauen Punkt im Raum bestimmen. Im Gegensatz zum Holz, das die Bearbeitung von außen nach innen erfordert, ist der umgekehrte Weg wesentlich unkomplizierter, da sich durch die zunächst grob aufgetragen Massen an den Schnittstellen Punkte in Höhe, Breite und Tiefe mit kleinen Gipsanteilen markieren lassen. Das fertige Gipsmodell, genau auf vier Meter fünf errichtet, erhielt noch wichtige Korrekturen, z. B. wurde die Spitze erhöht. Als der jüngere auf der Leiter Stehende korrigierte ich entsprechend seiner Weisung. (Abb. 27)

Rudolf Belling begründete diese Abweichung damit, dass der Betrachter nur von der Augenhöhe ausgeht und vorher die Spitze – wenn auch original vergrößert – von unten nicht deutlich sichtbar gewesen sei, denn diese Arbeit würde ja nicht, wie im Modell üblich, aus der Draufsicht betrachtet. Die restlichen Übergänge blieben meinem künstlerischen Einfühlungsvermögen überlassen. Während dieser Arbeit erinnerte ich mich an die kunstgeschichtliche Betrachtung der Gotik, auf die der Bildhauer

Wilhelm Löber bereits in der Staatlichen Schnitzschule hingewiesen hatte: An den Kathedralen vorhandene Figuren seien
mit proportional vergrößerten Köpfen dargestellt, damit sie aus
bodennaher Sicht nicht den Eindruck von „Schrumpfköpfen"
hätten. Durch Rudolf Bellings Korrekturen konnte ich viele neue
Erkenntnisse gewinnen. Er gab seine Erfahrungen bis ins kleinste
Detail weiter und begründete seine künstlerischen und handwerklichen Entscheidungen. Deshalb konnte ich auch ohne seine
Anwesenheit, allein auf der Leiter stehend, alle zuvor besproche-
nen Anhaltspunkte am vier Meter hohen Gipsmodell ausführen.

Während dieser Tätigkeit ergab sich, dass ein bisher kaum
beachteter, im Atelier liegender und nur wenig bearbeiteter Stein
von einer jungen Studentin zur Bearbeitung ins rechte Licht
gerückt wurde. Sie betrachtete ihn sehr lange und es schien, als
käme sie irgendwie nicht so recht weiter. Es gab einige auf dem
Stein gezeichnete Linien, die auf eine liegende Figur hinwiesen,
aber nun eine wesentliche Entscheidung zur weiteren Formgestal-
tung verlangte. Als sie mich auf der Leiter stehend arbeiten sah,
kamen wir ins Gespräch. Sie war eine Studentin von Joseph Beuys
und wartete auf die angekündigte Korrektur ihres Professors. Da
ich ursprünglich meine letzten zwei Semester bei Beuys verbringen wollte, interessierte mich das sehr.

Prof. Beuys kam, betrachtete kurz den behauenen Stein und
lobte ihren Fleiß, aber verwendbare Hinweise zur weiteren Bearbeitung gab er ihr dagegen nicht. Meines Erachtens hätten zwei
bis drei entscheidende Markierungen sie tagelang beschäftigen
und damit ihrem Studium einen Sinn geben können.

Nach meiner Arbeit wurde das fertige „Segelmotiv" vom Bronzegießer in den Maßen seines Trockenofens auseinander genommen, dann nach dem Sandgussverfahren wieder Stück für Stück
zusammengesetzt und miteinander verschweißt. Luftkanäle und
Trennnähte der Form wurden beseitigt, die Oberfläche entsprechend einer vom jeweiligen Bildgießer zusammengesetzten Sand-

formgusslegierung in den Anteilen (Kupfer 65, Zinn 33, Blei 2) mit der passenden Säure patiniert.

Die fertige Bronzeplastik wurde in der Hamburger Domstraße aufgestellt. Ich war bei der Einweihung nicht anwesend, sondern zu diesem Zeitpunkt auf verschiedenen griechischen Inseln.

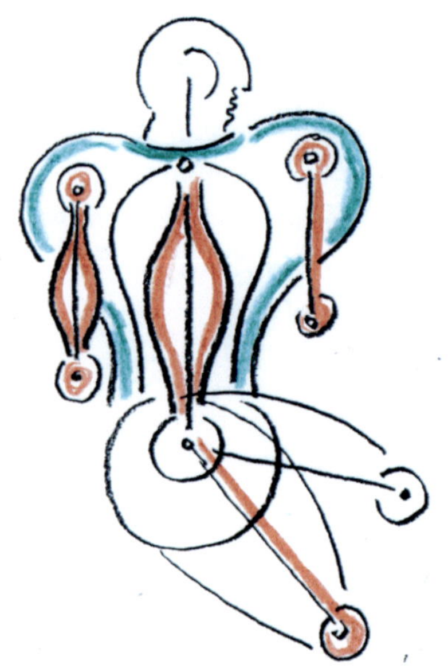

Abb. 11   Werner Grosch, Studienblatt, 1955

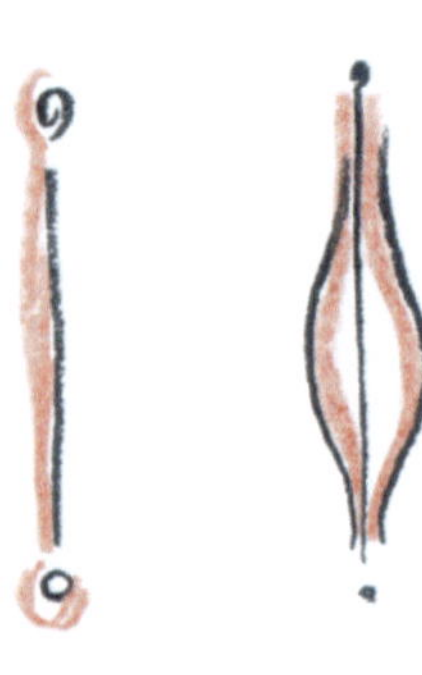

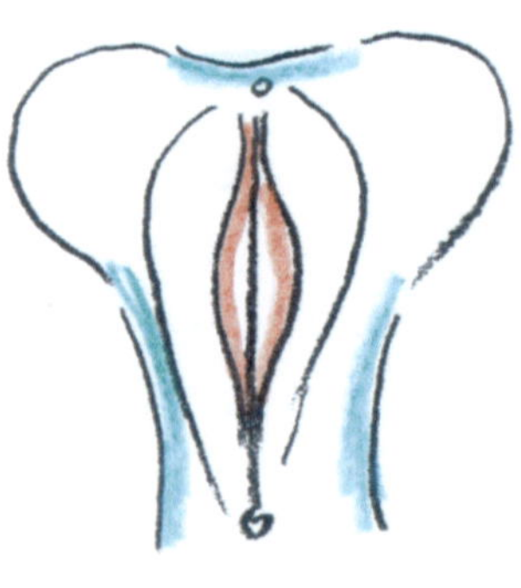

Abb. 12   Grundformen   Rhythmische Gliederung

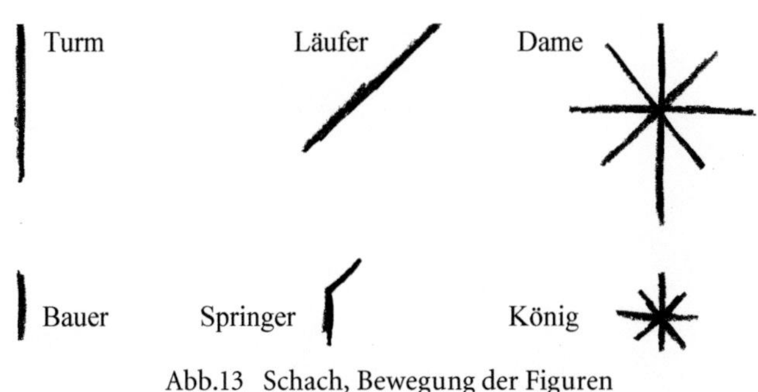

Abb.13   Schach, Bewegung der Figuren

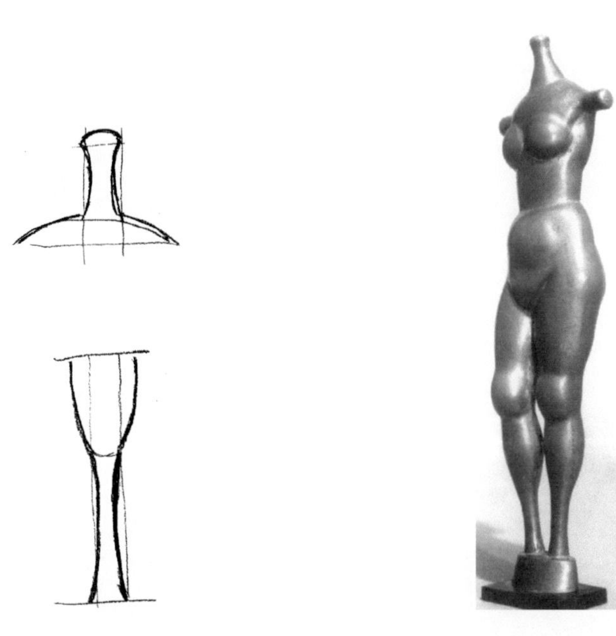

Abb.14   Form   Abb.15   Werner Grosch, Stehende Figur, 1955

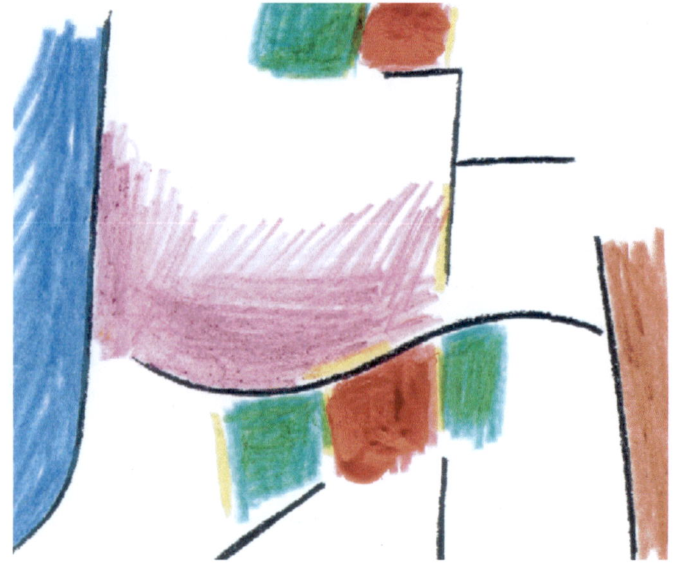

Abb. 16   Werner Grosch, Studienblatt, 1958

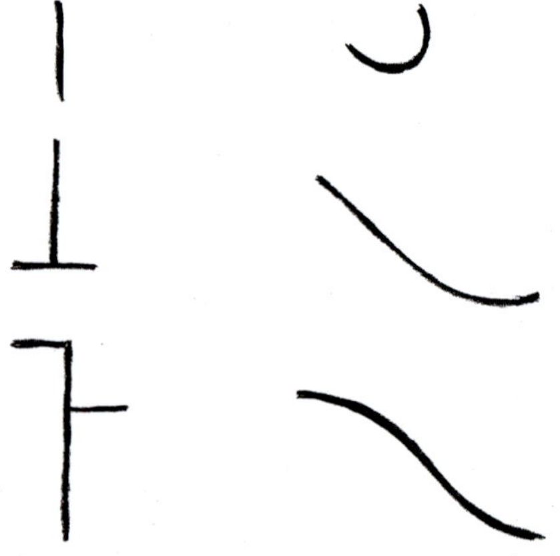

Abb. 17   Formanalyse

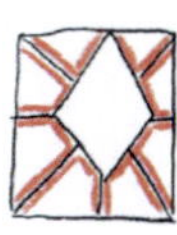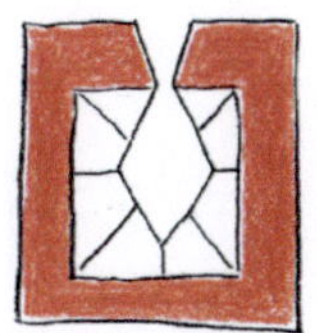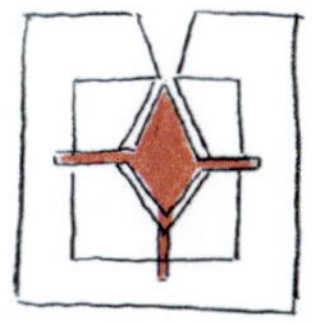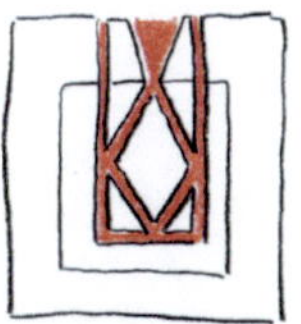

Abb. 18   Stückform, Formmantel, Sandkern, Gussform

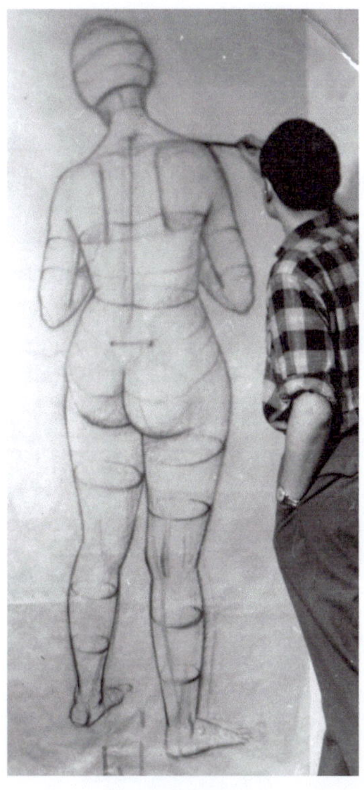

Abb. 19   Werner Grosch, Selbst mit Aktzeichnung, 1958

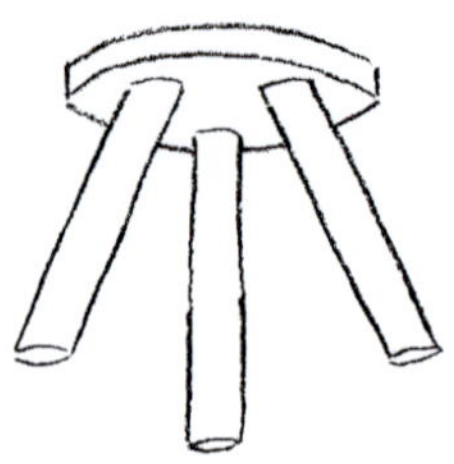

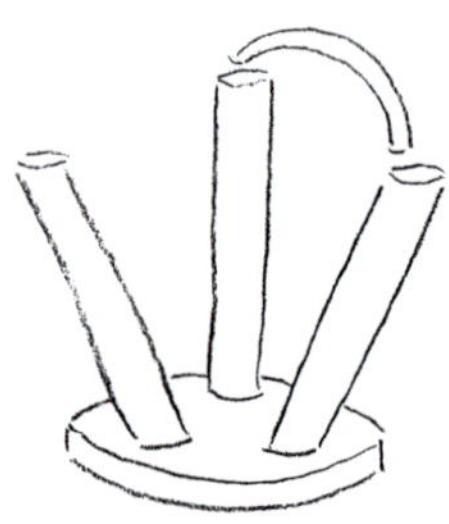
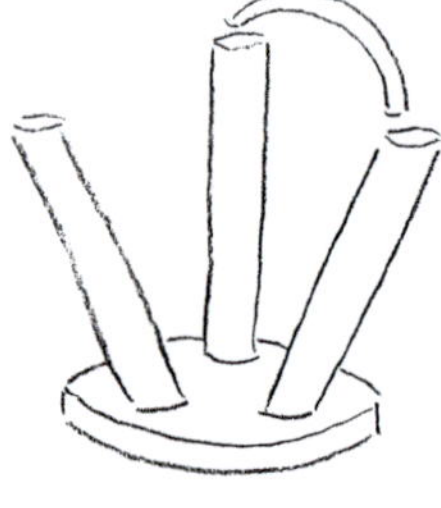

Hocker   Form   Architektur

Hocker   Form   Architektur

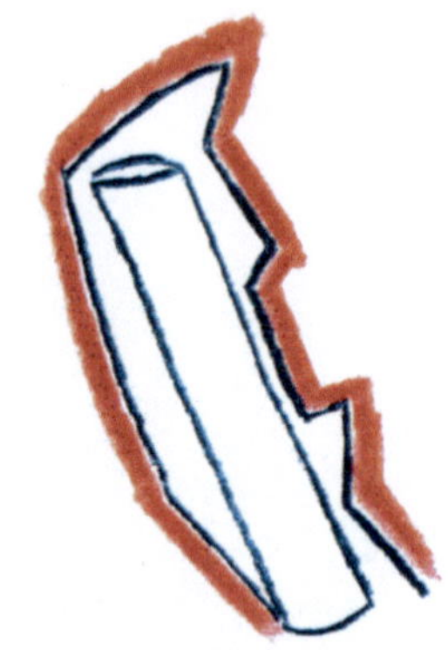

Abb. 20   Werner Grosch, Analyse, 1958

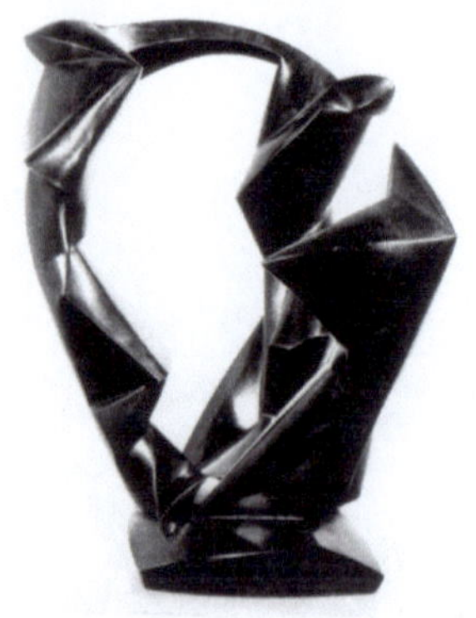

Abb. 21   Rudolf Belling, Dreiklang, 1919

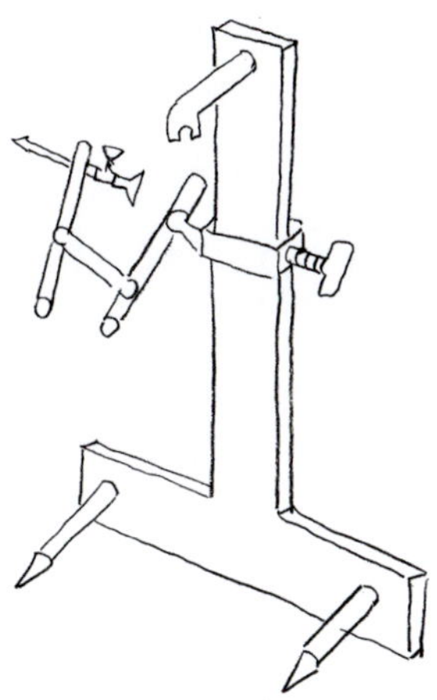

Abb. 22   Punktiergerät mit Holzkreuz, 1958

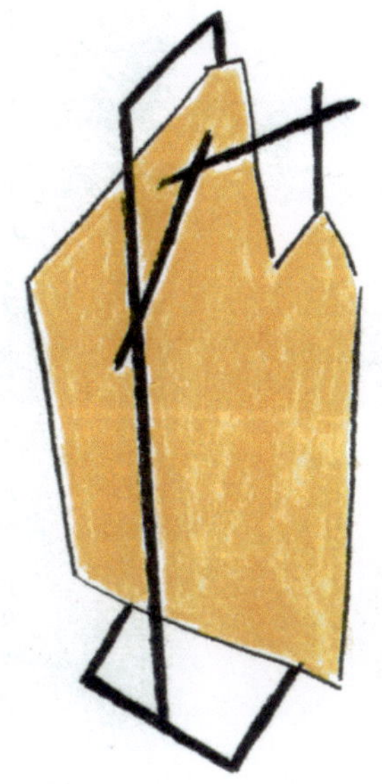

Abb. 23   Punktbestimmung, 1958

Idee
Der Raum umschließt, durchdringt und zerteilt den Körper.

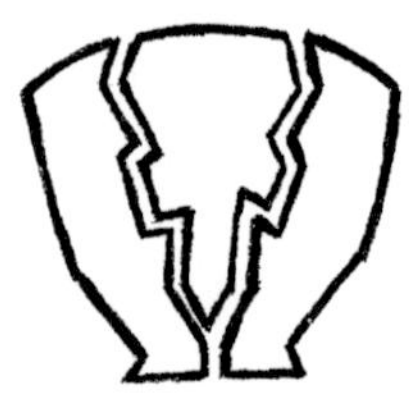

Konsequenz
Zerlegbare Plastik

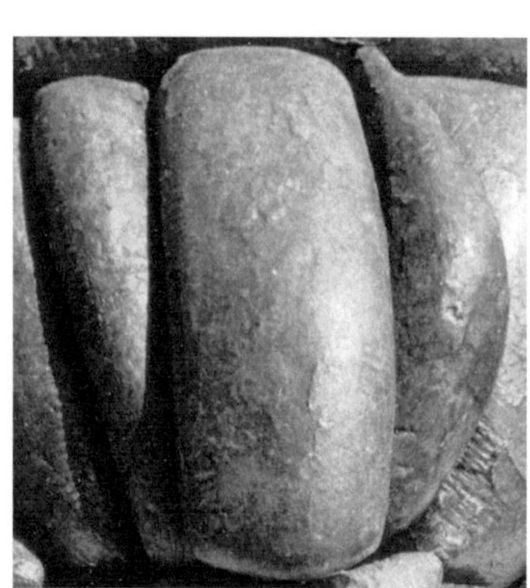

Abb. 24   Werner Grosch, Studie, gefärbter Gips, 1959

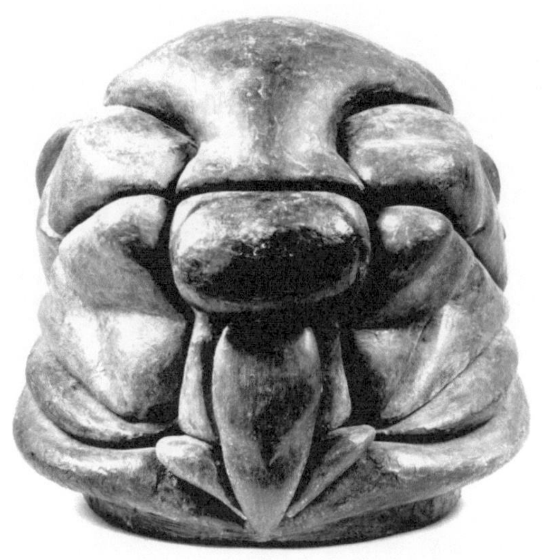

Abb. 25   Werner Grosch, Zerlegbare Plastik, 1960, Gips

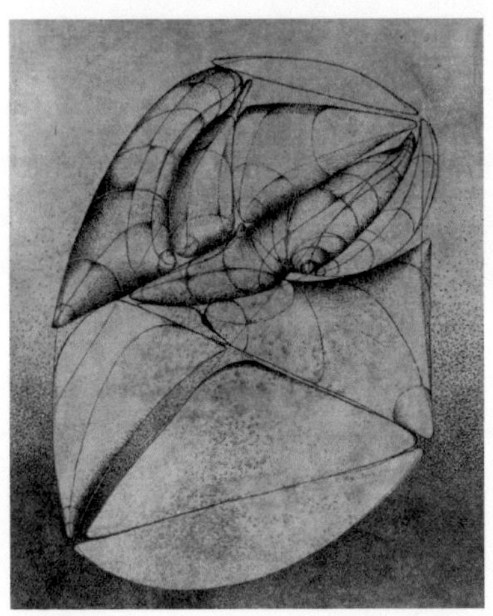

Abb. 26   Werner Grosch, Zerlegbare Plastik, 1960, Radierung

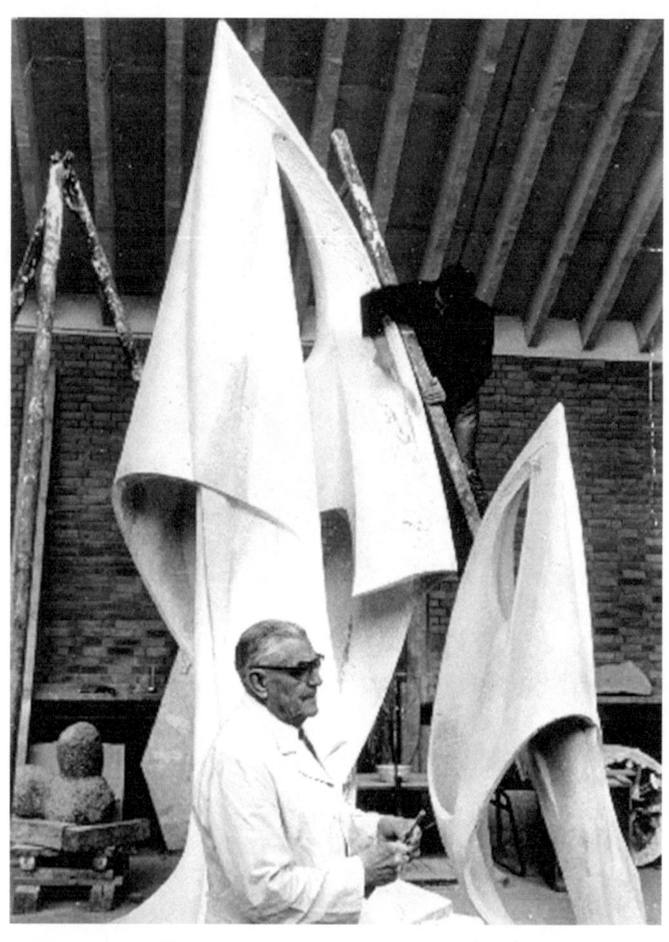

Abb. 27   Rudolf Belling und Werner Grosch in der Kunstakademie
Düsseldorf, „Segelmotiv", 1959/1963, 1,35 m und 4,05 m Höhe.

III. Lebensfrage, 1963-1983

Überlebenskunst 1963-1964

Nach dem Examen für Kunst- und Werkerziehung bestand ab 1963 die Möglichkeit, als Lehrer an der Kunstgewerbeschule Istanbul tätig zu sein. Da aber in der Folgezeit wegen Zypern ein möglicher Krieg zwischen der Türkei und Griechenland drohte, erschien mir der Wechsel nach Istanbul nicht sinnvoll und so wurde Berlin als neuer Wohnort auserkoren.

Im Juni 1963 fand vor dem Schöneberger Rathaus eine Kundgebung von besonderem Wert statt. Der Präsident der Vereinigten Staaten von Amerika, John F. Kennedy (1917-1963), machte in einer Ansprache deutlich, dass die Gesellschaftsordnung des freien Teils Berlins nicht durch kommunistischen Machtanspruch beeinträchtigt werden darf. Die Kundgebungsteilnehmer erwarteten eine verlässliche Garantie zur Sicherung ihrer Freiheit, und John F. Kennedy brachte das in seiner Ansprache mit dem Bekenntnis: „Ich bin ein Berliner", sehr deutlich zum Ausdruck.

Diese Worte hafteten noch im Ohr, als wir, am Seitenausgang des Rathauses vorbeigehend, nach der Veranstaltung erlebten, wie Willy Brandt (1913-1992) als Regierender Bürgermeister von Berlin seinen hohen Gast zur bereitstehenden Mercedes-Limousine führte, die ihn zum Flughafen bringen sollte. Sich ohne erkennbaren Personenschutz ins Freie zu begeben – es war lediglich der Chauffeur des Wagens und der Pförtner des Rathauses sichtbar – empfanden die wenigen zufällig Vorbeikommenden bemerkenswert. Ich wäre gern Berliner geworden, aber meine Absicht, im Berliner Schuldienst tätig zu sein, erwies sich als Trugschluss. Es gab in dieser Stadt Lehrerüberhang, damit keine Stelle und kein Geld. Die freie Kunst unterlag der freien Marktwirtschaft, ein sozialverträglicher Anspruch bestand nicht, denn im übrigen Bundesgebiet herrschte seinerzeit Lehrermangel, dort gab es genügend freie Stellen.

Ich hatte eine unterrichtsähnliche Beschäftigung gefunden, die koordiniert abends in Jugendheimen verschiedener Bezirke stattfand. Es ergab sich eine Situation, die mein Leben hätte verändern können: So ließ ich mich zum Lottospiel verführen. Der Schein enthielt das Berechnungssystem meiner „zerlegbaren" Plastiken, den ich aber wegen eines fehlenden Geldstücks nicht abgab, da ich sonst, statt mit der U-Bahn zu fahren, zu Fuß nach Hause hätte laufen müssen, was ich folglich nicht tat.

Nach der Ziehung der Zahlen am folgenden Tag registrierte ich einen „Sechser": Es sollte nicht sein und so musste ich weiterhin mittellos bleiben – das musste erst einmal verdaut werden.

Meine Wohnung lag im Westend in der Marathonallee. Es war eine stets gleich bleibend kühle Souterrainwohnung mit fünfzehn Grad im Sommer wie im Winter, weil die Heizungsanlage fehlkonstruiert höher als meine Wohnung lag und zudem das Fenster zur Nordseite zeigte.

Künstlerisch arbeitete ich deshalb sehr wenig. Aus dieser Zeit existiert ein mit dem Bleistift und Aquarell gezeichnetes Selbstporträt, das mich mit einem kleinen Spitzbart zwar als „zerlegbare" Plastik darstellt, aber niemals bildhauerisch ausgeführt wurde. (Abb. 28)

Ich fertigte stattdessen aus altem Plastilin einen anderen Kopf an. Plastilin wird durch Erwärmung der knetenden Hand weich und gebrauchsfertig, es besteht aus Kaolin, tonhaltiger Erdfarbe, Wachs, Schwefel und etwas Glyzerin. Die Masse ist antragbar und kann mit dem Messer bearbeitet werden. Insofern ließ sich die abstrakte Form eines Kopfes in dreieckiger Grundform aufbauen und grob zusammensetzen. Dieser Vorgang ersparte das übliche Tonmodell mit seinem erforderlichen Gipsumgussverfahren. Alle einzeln geformten Plastilinteile bekamen anschließend einen Gipsüberzug mit gefärbter Oberfläche der Ölfarbe Coelinblau. (Abb. 29)

Obwohl die Form der „zerlegbaren" Plastik bereits 1959 von

mir erfunden wurde, fand diese neue Formensprache nicht, wie sonst üblich, das gebührende Verständnis. Vielmehr galt es, allgemein früh Tendenzen zu erkennen, die als „Weltkunst" Berlin erreichte.

Vor allem Maler bedienten sich dieser Vorgaben, sie waren technisch gegenüber den Bildhauern bevorteilt: Bevor handwerklich die zeitlich adäquaten Bronzegüsse entstanden, waren die jeweils modernsten Kunsterscheinungen längst wieder vorbei.

Wie eine große Glocke hing ein Gemisch aus traditioneller, zeitgenössischer, nichtverständlicher, konkurrierender und geschäftlicher Interessen über dem Berliner Kulturleben, die möglicherweise nur mit vorhandenen finanziellen Eigenmitteln und daraus entstehenden Kontakten hätten gelüftet werden können.

Interessant ist in diesem Zusammenhang ein Brief von Rudolf Belling, ausgewählt aus einer Korrespondenz mehrerer Briefe und Postkarten, indem er mir seine Ansicht zum allgemeinen „Kunstschaffen" mitteilte.

<u>Ausschnitt</u> 10.10.64

Lieber Herr Grosch!

Besten Dank für Ihren Brief v. 5. Okt.!

Sie haben vollkommen Recht, wenn Sie sagen, dass die Lage des heutigen Kunstbetriebs nur noch mit Kopfschütteln betrachtet werden kann.

Wenn Sie aber meinen, dass wir das Niveau von 1850 im heutigen Kunstschaffen haben, dann muss ich doch sagen, dass man damals wenigstens ein wirkliches Können zeigte, was heute überhaupt keine Rolle mehr spielt. Man schätzt in gewissen Kritikerkreisen nur noch das, was scheinbar „neu" ist, womit die „bildende Kunst" gleichermaßen Seite an Seite mit der alljährlich wechselnden Damenmode geht. Der jetzige Maler oder Bildhauer muss, um der Kritik zu gefallen oder aufzufallen, eine „Novität" sein und möglichst jedes Jahr eine neue Kollektion herausbringen. Aber es hat wenig Zweck, sich darüber aufzuregen, man kann nur hoffen, dass sich die Lage überspitzt und dass dann eine Reaktion kommen muss, wie sie vor uns noch nicht erlebt wurde. Bis dahin wird noch manches erscheinen, was überhaupt nicht mehr mit dem bisherigen Kunstbegriff zu tun haben wird und dann ist der Moment gekommen, um wieder ernsthaft schaffen zu können! Also warten wir ab, bis sich die jetzige Kunsthysterie gelegt hat, das Gute wird sich doch immer wieder behaupten, auch wenn es eine gewisse Zeit erfordert!

Und nun zu Ihnen persönlich! Es wäre ja wirklich sehr schön, wenn Sie hierher nach München kämen. Aber auch Düsseldorf ist nicht zu verachten und wenn Sie erst einmal eine feste Position haben, können Sie ja immer für sich arbeiten und evtl. auch an spätere Stellungswechsel denken. Schreiben Sie mir immer, wie sich alles für Sie entwickelt, ich habe großes Interesse daran! – ...

Meine wirtschaftlich kulturelle Lage erforderte einen Neubeginn außerhalb Berlins. Die abgegebenen Bewerbungsschreiben brachten Rückantworten von Orten ohne kulturellen Schwerpunkt und schieden deshalb aus. Das beste Angebot enthielt eine Professorenstelle für Bildhauerei, offensichtlich durch die Erfindung „zerlegbare" Plastik und meine Tätigkeit für Rudolf Belling ausgelöst.

Leider erfüllte ich wegen der vorangegangenen Exmatrikulation und dem damit fehlenden Hochschulabschluss – was sich jetzt besonders schädigend auswirkte – nicht die Laufbahnvoraussetzung. So verblieb nach der Enttäuschung nur das Angebot, im Schuldienst der Stadt Bochum an einer allgemein bildenden Schule zu unterrichten, und damit erfolgte erneut ein Wohnungswechsel.

Neuanfang 1965-1966

Vor der Aufnahme der Lehrtätigkeit galt es zunächst, eine Wohnung zu finden. In einer Stadt, die am 4. November 1944 durch einen alliierten Luftangriff weitestgehend zerstört worden war, gab es auch viele Jahre nach dem Krieg kaum bezahlbare Mietwohnungen, und so musste vorübergehend ein teures Einzimmerappartement bezogen werden, was immerhin die Hälfte meines damaligen Gehalts verschlang. Das neu erbaute Haus lag an einer ampelgeregelten Durchfahrtsstraße, die von der Bochumer Innenstadt zum Autobahnanschluss Recklinghausen Süd führte. Das große Fenster befand sich auf der Westseite und an sonnenreichen Tagen herrschte eine unerträgliche Hitze im Raum, der keine schattige Rückzugsmöglichkeit bot. Dagegen war die vormittägliche Unterrichtszeit an der Volksschule mit Kindern von der dritten bis zur achten Klasse erholsam.

An vier Schulen erteilten wir – meine Freundin und ich – Werkunterricht mit dem Gefühl, trotz pädagogischer Verpflichtung künstlerisch frei arbeiten zu können. Der Unterricht verlief problemlos, umso verwunderlicher erschienen die vom zuständigen Schulrat getrennt zugestellten Schreiben, die zum Gesprächstermin einluden. Dabei ging es um die laufende Probezeit, die nur verlängert beziehungsweise in ein rechtmäßiges Angestelltenverhältnis übertragen werden könne, wenn wir unsere gegenwärtige Lebensweise „in geordnete Verhältnisse" brächten, das hieß innerhalb einer bestimmten Frist heiraten würden.

Wir hatten uns im Werklehrerseminar kennen gelernt, bereits in der Marathonallee gewohnt und lebten nun gemeinsam in der neuen Bochumer Wohnung – aber eine Ehe? Da das jedoch nicht in unserer Absicht lag, musste im Fall der Weigerung über die Folgen nachgedacht werden. Der „Amtsschimmel" bedrohte unsere weitere Zukunft. Eine nicht bestandene Probezeit hätte bei späterer Bewerbung zu unübersehbaren Schwierigkeiten geführt.

Nach längerer Bedenkzeit schlossen wir während der Osterferien die Heirat auf dem Papier. Das Bochumer Schulamt registrierte die Eheschließung mit Genugtuung.

Das geregelte Einkommen ermöglichte zunächst den Erwerb des Führerscheins und reizte dann auch zum Beginn einer neuen Arbeit, wobei sich die Einzimmerwohnung allerdings insbesondere für plastische Arbeiten als ungeeignet erwies. Die bereits in Berlin entstandene Konstruktionszeichnung für eine liegende Plastik in zerlegbarer Form im Durchmesser von hundertfünfunddreißig Zentimetern erforderte eine einseitige Erhöhung von vierzig Zentimetern, doch diese Maße ließen sich nur unter widrigsten Umständen realisieren. Der plastische Anteil bestand aus zweiunddreißig sichtbaren Einzelteilen, die auf einer unsichtbar tragenden neunzehn Millimeter starken Grundplatte lagen. Die rechtwinklige Innenform wurde als Reliefplatte in Gips gegossen und in der Nachbildung einer Maske gegliedert, dann in den geraden Strecken mit dem Fuchsschwanz zersägt, während sich die gekrümmten Linien durch zwei in sich gedrehte Drähte trennen ließen. Im Gegensatz zur Reliefplatte wurde die kreisförmig achtgeteilte plastische Umfassung wegen des Gewichts zunächst aus Styropor hergestellt und später im Gipsantragsverfahren plastisch geformt. Styropor ist ein Schaumstoff aus Polystyrol (PS) und wurde nach dem Krieg entwickelt. Wegen seines geringen Raumgewichts wird das Material in der Schaufenster- und Theaterdekoration eingesetzt. Das Material lässt sich mit Heizdrähten (warm) schneiden und mit einer normalen Säge (kalt) bearbeiten. Dabei bereiten wegen ihrer stets statischen Aufladung kleinste Abfälle Probleme bei ihrer Beseitigung. Die vollendet auf dem Boden liegende Plastik erhielt als formalen Kontrast eine zusätzliche Fassung, die gleichzeitig als statischer Träger wirkte und deren spitz verlaufende Enden als plastische Übergänge zum Gesamtvolumen zu werten sind.

Das fertige Gipsmodell wurde mit der Ölfarbe Coelinblau eingefärbt. (Abb. 30)

Unsere eheliche Bewährungsprobe fand bereits einige Monate später statt. Seit einiger Zeit war meine Schwiegermutter unheilbar erkrankt, sodass sich meine Frau verpflichtet sah, ihr beizustehen. Sie beendete ihren laufenden Dienstvertrag mit der Schulbehörde und ging allein nach Berlin zurück – was nun?

Rückkehr 1966

Wenige Monate später verzichtete ich ebenfalls auf die begonnene Lehrtätigkeit, um gemeinsam das Unabwendbare durchzubringen. Nach ihrem Ableben übernahmen wir die Berliner Wohnung und fühlten uns zurückversetzt in die ausweglose Situation, die bereits aus der Marathonallee bekannt war. Es gab in Berlin kein Lehramt und wegen selbst vorgenommener Kündigung bei der Schulbehörde in Bochum auch keine Arbeitslosenhilfe in Berlin. Ich brauchte irgendeine Arbeit.

Auf einen mit Gummipfropfen gelagerten Tisch konnten Bretter geschnitzt werden, die der Auftraggeber in Heimarbeit herstellen ließ. In fabrikmäßiger Verarbeitung wurden durch vorgefertigte Schablonen Ornamente aufgezeichnet und reliefartig mit einem spitzwinkligen Werkzeug in dreieckiger Grundform, das in der Fachsprache als Geißfuß bezeichnet wird, geschnitzt. Die von einer Spandauer Fabrik angelieferten und vorbearbeiteten Einzelteile bestanden jeweils aus zwei kurzen und zwei langen Brettern, die zusammengesetzt Sargdeckel ergaben. Die Entlohnung trug zum monatlichen Lebensunterhalt bei, während meine Ehefrau – wie bereits zuvor – in Jugendheimen arbeitete und privat Bilder malte.

Das erst vor kurzer Zeit erbaute und noch einzeln stehende Hochhaus ermöglichte vom fünfzehnten Stock einen wunderbaren Blick von Spandau bis weithin zum Flughafen Tegel. Zunächst ließen sich Landungen und Starts aufmerksam verfolgen, aber nach der Gewissheit, dass dieses Haus direkt in der Einflugschneise lag und mehrstrahlige Düsenflugzeuge unerträglichen Lärm verursachten, veränderte sich meine innere Einstellung. In Abständen weniger Minuten lärmte eine Maschine nach der anderen über das Haus hinweg, verhinderte das Hören klassischer Musik und ließ selbst normale Gespräche nicht zu. In den Zwischenzeiten verursachten zwei bis drei Hunde, die vor dem zum Hochhaus gelegenen Einkaufscenter angebunden waren, von morgens bis abends stets rhythmisch lautes Gebell. Am nahe gelegenem Jugendheim versammelten sich spät abends stolze Besitzer von Motorrädern und donnerten durch die umliegenden Straßen. So blieben nur Anwohner unbelastet, die ihre Wohnungen lediglich als Schlafstätten nutzten und sich vor fünf Uhr früh wieder entfernten.

Dieser Umstand raubte Nerven und machte krank, zumindest glaubte ich eines Tages, dem nur durch einen Sturz aus dem fünfzehnten Stockwerk entfliehen zu können. Es war deshalb nicht verwunderlich, dass ich mich, rittlings auf dem Balkongeländer sitzend, aus dieser unerträglichen Lage befreien wollte. Innerhalb einer Sekunde fiel die Entscheidung zum Leben:

Als visuell begabter Mensch sah ich mich plötzlich auf einem Esel reitend und fand diese eigenartige Erscheinungsform bedenkenswert. Möglicherweise hatte der in jedem Menschen innewohnende Selbsterhaltungstrieb diese Vorstellung ausgelöst. Ich verließ das Balkongeländer und skizzierte die Vision des Rittes. Damit blieb zwar das Gesamtproblem ungelöst, führte aber zu der Einsicht, dass viele Menschen in anderen Situationen viel größeres Leid ertragen hatten und deshalb eine Selbsttötung unsinnig ist.

Unsere Wohnung war mit „zerlegbaren" Plastiken gefüllt, die sich weder bei Galerien noch in Kunstausstellungen präsentieren ließen. Diese Arbeiten wurden grundsätzlich ausjuriert, sie waren sinngemäß von einer Gummiwand umgeben. Es gab eine Ausnahme. Ein bekannter Berliner Galerist erkannte den künstlerischen

Wert „zerlegbare" Plastik, erwartete aber zu Ausstellungszwecken Bronzefassungen, die leider aus meinen spärlichen Mitteln nicht finanzierbar waren. Insofern blieben diese Arbeiten der Öffentlichkeit weitgehend unzugänglich.

Einem spanischen Bildhauer gelang es dagegen von Paris aus, mit geteilten verschließbaren Kleinbronzen Berlin zu erobern, sodass die „formenblinde, selbst ernannte Schickeria" meine bereits 1959 erfundene „zerlegbare" Plastik anschließend als Plagiat einstufte, soweit sie das überhaupt verstand?

Das Raumproblem in der Plastik wurde von Rudolf Belling in seiner Holzplastik von 1919 verständlich gestaltet. Dagegen fand meine logische Weiterentwicklung von 1959: „Der Raum umschließt, durchdringt und zerteilt den Körper", kein Verständnis.

Der mit einzubeziehende Raumkörper konnte aber auch durch schlitzförmig gestaltete tiefe Einschnitte, deren Enden miteinander verbunden waren, in das Innere des Plastikkörpers eindringen, ohne ihn zu zerteilen.

Das Konstruktionsprinzip beibehaltend, wurde im Rahmen finanzieller Machbarkeit ein Torso aus Polyester-Spachtelmasse geformt. Der quadratische, nicht plastisch gestaltete Sockel diente gleichzeitig als architektonischer Kontrast zur eigentlichen Plastik.

Der gesamte Plastikkörper wurde technisch zunächst aus Styropor aufgebaut, der Sockel in Blockform, während Vorder- und Seitenansicht des Torsos mit rechtwinklig verbundenen flächigen Platten den Gesamteindruck vermittelte. Fehlende Zwischenteile wurden entsprechend des erforderlichen Volumens mit Styroporteilen gefüllt. Danach erhielt der zusammengefügte Block die wichtigsten Konstruktionselemente, die mit dem Messer tief eingeschnitten das gestalterische Prinzip verdeutlichten.

Beiderseits der Raumöffnungen, in denen der Kontrast zwischen verbundenen und nicht verbundenen Formteilen zu erstellen war, wurde das Volumen plastisch geformt. Mit materialgerecht blau eingefärbter Polyester-Spachtelmasse ließ sich der Styroporkörper gut überziehen und plastisch formen.

Nach der Aushärtung des Materials glätteten Raspeln und Feilen weitgehend die Oberfläche, im letzten Arbeitsgang ließen sich Nassschleifpapiere verschiedener Körnungen einsetzen. Damit sich das gestalterische Prinzip erfüllte und der umgebende Raumkörper in das Innere des Plastikkörpers eindringen konnte, wurde der aus Styropor bestehende Kern mithilfe eines kleinen Gasbrenners entfernt.

Die blau gefärbte Plastik bekam einige Jahre später schwarze Farbe. Ich übergab sie kostenfrei dem Nachfolger meiner alten Wohnung. Die Plastik gelangte auf eine mir unbekannte Weise in den Besitz des Kunstamtes Spandau. (Abb. 31)

Besinnung 1968-1969

Ich fühlte mich in der gegenwärtigen Lage sehr unwohl, die allgemeinen Lebensumstände brachten eine innere Zerrissenheit. Paragrafen verhinderten eine Anstellung in den Berliner Schuldienst und so versuchte Rudolf Belling zu helfen. In einem Schreiben teilte er mir mit:

<u>Abschrift</u> 8033 – Krailling 29.3.68

Lieber Herr Grosch!

Vielen Dank für die Sendung und für die Erklärung. Aber ich bin immer noch nicht in der Lage, Ihre rote Maschinenschrift zu lesen, nur langsam mit der Lupe.

Aber das macht nichts, ich werde wahrscheinlich bald nach Berlin kommen, weil ich mein dortiges Grundstück verkaufen will und dann werde ich Sie auf alle Fälle besuchen. –

Aber etwas anderes:

Glauben Sie, dass eine schriftliche Erklärung von mir, dass Sie für mich gearbeitet haben und zwar sehr gut, Ihnen irgendwie helfen kann, eine Stellung zu bekommen?? Es wäre lieb, wenn Sie mir gewisse Äußerungen schrieben, die ich dann nach Ihrem Wunsch in einem Brief niederschreiben könnte. Am besten, Sie schreiben mir einen kurzen Text, den ich dann in Maschinenschrift mit meiner Unterschrift schicken würde. Es würde mich natürlich sehr freuen, wenn ich Ihnen irgendwie behilflich sein könnte, und ich würde alles tun, was Ihnen von Nutzen wäre. Das wollte ich Ihnen schreiben, bevor ich für einige Tage nach Kaiserslautern fahre, wo ich meine Ausstellung eröffne etc. Nun ist es aber genug damit. Zuerst war sie in München, dann in Ludwigshafen und jetzt in der Pfalzgalerie in Kaiserslautern. Die Presse war sehr gut und zeigte viel Verständnis. Auch im Ausland reagierte man sehr gut! Also, lieber Herr Grosch, schreiben Sie mir, was ich schreiben soll, und zum Schluss noch herzliche Grüße auch von meiner Frau an Sie beide!

Ihr R. Belling

Das Angebot erfreute mich sehr. Ich beließ es aber bei diesem Schreiben, weil sich der Staat nach den Regeln der Laufbahnvoraussetzung richtet – also befasste ich mich mit anderen künstlerischen Gedanken: Eine Körperbewegung in den Raum kann als künstlerische Aussage gewertet werden. Ein Sturz vom Hochhaus jedoch kommt der Zerstörung des Körpers gleich, bedeutet Zerteilung beziehungsweise im künstlerisch übertragenen Sinn auch „Zerlegbarkeit" einer Plastik, eine Gestaltungsform, die bereits bildhaft praktiziert worden war. Durch diese Erkenntnis ließ es sich in der Absicht weiterleben, die bereits 1959 parallel zur Teilbarkeit im Gedächtnis befindliche Entwicklung Raumerkundung neu zu überdenken, umzusetzen und anzuwenden.

„Raumfühler eines Plastikkörpers ertasten den Raum." Das Volumen kann sich mit zitzenhaft trichterförmigem Ansatzpunkt in den Raum bewegen und ihn tastend erobern. Oder ein mechanisch-technisch gestalteter Körper dehnt sich aus, zieht sich zusammen, um damit das Raumproblem neu zu definieren.

Die voluminöse Variante der Raumertastung erprobte meine Ehefrau, die sich nun von ihrer Malerei abwandte und diesen Gedankengang in eigenwilliger Form gestaltete. Sie konnte dabei vom künstlerischen Erfahrungsschatz ihres Ehemanns profitieren, zumal der Vorgang für einen erfahrenen Bildhauer überschaubar war. Ihre entstandenen, rot eingefärbten Polyesterplastiken, waren nur an einigen plastisch geformten Teilen mit schwarzer Farbe ringförmig markiert. Oberflächliche Betrachter, die „formenblind" bereitwillig Epigonen des „Tachismus" akzeptierten, sahen in dieser Form eine Beziehung zu einer französischen Pop-Artistin, die mit bunter Polyesterarbeit visuelle Bedürfnisse der „Spaßgesellschaft" befriedigte.

Ich hatte mich für den Reiz technischer Funktionalität entschieden, welcher sich aus Polyvinylchlorid (PVC) herstellen ließ. Das Material war mir bereits seit 1954 von der Düsseldorfer Kunststoffmesse bekannt, im Fachhandel erhältlich, finanzierbar und ließ sich mit einfachen Werkzeugen manuell bearbeiten.

Der mobile Teil entspricht der „Nürnberger Schere", deren Funktion sich ausdehnt und zusammenzieht, aber mit dem Prinzip des Flaschenzugs kombiniert, durch ein kugelförmiges Gegengewicht der Maschinenplastik leichte Beweglichkeit und räumliche Veränderung ermöglicht.

Der radikale Wandel von „zerlegbare" Plastik zur Entwicklung der Raumerkundung stand im Bezug zu meiner persönlichen Hochschulerfahrung, verknüpft mit der studentischen Protestwelle und der Sorge des politischen Machtmissbrauchs. Diese Maschinen wurden im Berliner Europa-Center ausgestellt.

Der nachfolgende Winter machte leider deutlich, dass Polyvinylchlorid bei Feuchtigkeit aufquillt, wodurch die Funktionalität verloren ging und weitere Arbeiten deshalb nur aus Metall herstellbar sein konnten. Dieses wurde wiederum wegen fehlender technischer und finanzieller Eigenmittel verhindert.

Westberlin war frei und unfrei. Die Stadt wurde als Vorposten des Westens finanziell unterstützt, was diesem Ziel diente, war im Sinn der politischen Verantwortung richtig.

Der vonseiten des Ostens reglementierte Grenzverkehr war nur ein Ärgernis. Hinzu kamen menschliche Probleme und private Sorgen, sodass es nur eine Frage der Zeit war, ab wann meine Geduld beendet sein und der von mir frei gewählte Ort „Westberlin" den inzwischen Achtunddreißigjährigen in die endgültige Katastrophe führen würde.

1968 erlaubten sich Grenzsoldaten der Deutschen Demokratischen Republik, ordnungsgemäß mit dem Auto reisende Westberliner schikanös zu behandeln. Allein schon die generelle Geschwindigkeitsbegrenzung auf hundert Stundenkilometer war wegen des schlechten Straßenzustandes auf der Autobahn lästig und sinnlos. So gab es einen „systemgerechten" Vorfall an der Kontrollstelle beim Fünf-Kilometer-Sperrgebiet. Zur Verringerung der Fluchtgefahr eigener Bürger war dort die Fahrbahn eingeengt und die Geschwindigkeitsbegrenzung auf zwanzig Stundenkilometer herabgesetzt worden. Obwohl ich mich danach richtete, wurde ich mit der Belehrung angehalten, zwanzig Stundenkilometer sei Schrittgeschwindigkeit, was der tatsächlichen Schrittgeschwindigkeit von fünf Stundenkilometer entgegensteht und meinen Widerspruch fand – ich durfte weiterfahren.

Am Grenzkontrollpunkt Marienborn wurde mein Wagen herausgepickt und das gesamte Reisegepäck durchwühlt. Gleichzeitig musste ich eine Stunde splitternackt in einem Raum stehend verbringen, meiner Ehefrau erging es ebenso. Anschließend konnten wir kommentarlos weiterreisen.

Künstlerisch und finanziell im Vakuum lebend, nicht möglich sich täglich mit Informationen aus der Presse zu informieren, wollte es der Zufall mit einem Mal anders: Sich an einem Novembertag ausnahmsweise die Tageszeitung zu leisten, brachte die Wende des bisherigen Lebens. In der vom Schulamt veröffentlichten Anzeige wurde ab sofort eine Lehrkraft für das Fach Arbeitslehre gesucht.

Mit dem Zeitungsausschnitt und dem Nachweis der Lehrbefähigung für Volks-, mittlere und höhere Schulen in der Hand konnte ich mich innerhalb kurzer Zeit an den zuständigen Schulrat wenden. Da die Schule nur wenige Minuten von meiner Wohnung entfernt lag, wurde mit dem zuständigen Direktor noch am gleichen Tag ein Termin vereinbart, damit ich bereits am nächsten Tag mit dem Unterricht beginnen konnte.

Lehramt. 1970-1978

Die Kollegen der Gewerkschaft für Erziehung und Wissenschaft (GEW) fühlten sich von der kurz entschlossenen Entscheidung des Schulamtes übergangen und mobilisierten unterrichtsausfallende Personalversammlungen, um meine Einstellung rückgängig zu machen. Es ging ihnen dabei nicht um pädagogische Maßnahmen, sondern um die Durchsetzung ihrer Rechte als zuständige Gewerkschaftsvertreter mit der Befürchtung, unter anderem gegenüber Fachleuten nicht ausreichend ausgebildet worden zu sein, was sie in ihrer ablehnenden Haltung gegenüber der Schulbehörde auch deutlich zum Ausdruck brachten. Diese Auseinandersetzung wurde im eigenen Kollegium fortgeführt. Unterstützung fand ich bei denen, die mental stark ihren eigenen Unterricht durchführten, während andere mit „diabolischen Silberblicken" auf die Macht der Gewerkschaft setzten.

Geduldig und vor einiger Zeit noch lebensmüde, stellte ich dieser Anmaßung die für allgemein bildende Schulen unbekannte Verarbeitung von Kunststoffen entgegen. Nach mehr als dreijähriger Pause konnte ich wieder unterrichten. Gegenüber der Bochumer Zeit waren in der neuen Berliner Schule die Schüler weniger diszipliniert. Im Ruhrgebiet sorgte der Hausmeister für Ordnung. Er öffnete den Zugang zum Gebäude nur, wenn zuständige Lehrer ihre Schüler geordnet in den Klassenraum führten. Hauptursache der „Berliner Freiheit" waren unausgewogene Rahmenpläne, die Schülern fast täglich sechs verschiedene Unterrichtsfächer zumuteten und damit automatisch ihre Aufnahmefähigkeit überstrapazierten. Selbst gut trainierte Gehirne sind nur begrenzt zu konzentrierter geistiger Arbeit fähig – z. B. ist bei Schachmeisterschaften die Bedenkzeit auf vier Stunden festgelegt.

Die Schulbehörde hätte aus dem Angebot verschiedener Schulbuchverlage die Rahmenpläne auf die tatsächlich zur Verfügung stehende Unterrichtszeit abstimmen, sinnvoll neu organisieren und unnötigen Ballast beseitigen müssen. Überforderte Schüler setzten andere Kräfte frei.

Der Fachraum für Holzverarbeitung entsprach daher nicht mehr dem erforderlichen Sicherheitsstandard. Wegen rahmenplanbedingter Vorgaben unterrichteten in dieser Werkstatt zeitversetzt mehrere Kollegen am gleichen Tag, wobei ihnen gelegentlich die technische Erfahrung fehlte.

Mit meinem Angebot der „Kunststoffverarbeitung" wollte ich die verworrene Situation zumindest für mich verbessern, möglichst in einer eigenen Werkstatt allein bestimmen zu können. Gewisse Geräte waren nicht erhältlich und so baute ich mit finanziellen Eigenmitteln in Selbstbauweise zunächst ein Abkantgerät zum Umformen thermoplastischer Kunststoffe.

Die Einzelteile bestanden aus einer Zeitschaltuhr, die käuflich zu erwerben war, und einem Heizdraht aus flachem Wolframdraht, der von einer Kunststofffolie aus Polytetrafluoräthylen (PTFE) abgedeckt wurde. Das Material ist unter dem Handelsnamen Teflon allgemein bekannt und wird bei der Bratpfannenbeschichtung angewendet. Es besitzt eine hohe Wärmebeständigkeit und eine sehr gute elektrische Isoliereigenschaft. Während PTFE bei einer Temperatur von plus zweihundertsechzig Grad Celsius als Abdeckung zum Heizdraht einsetzbar ist, kann nur hundert Grad Celsius vertragendes Polystyrol (PS) darauf liegend problemlos erhitzt werden. Die zur Verarbeitung gelangten thermoplastischen Kunststoffe ließen sich mit einer mechanischen Schlagschere zuschneiden (Kaltverarbeitung) und mit einer Tiefeneinstellung am Abkantgerät umformen (Warmverarbeitung).

Mit dieser ungewöhnlichen Initiative entstand innerhalb des Schulgebäudes das neu geschaffene „Kunststoffstudio", das trotz schwierigster Raumkapazität gegen den Widerstand gewerkschaftlich organisierter Kollegen und nur durch Weisung des zuständigen Schulrates zustande kam.

Für die ersten Modelle setzte ich das Material meiner nicht mehr verwendeten künstlerisch technischen Maschinen aus Polyvinylchlorid ein. Einen Rahmenplan der Schulbehörde für die Verarbeitung von Kunststoffen gab es nicht. Höhere Senatsstellen waren interessiert und informierten sich, allerdings wurde eine verbindliche Fassung für allgemein bildende Schulen erst viele Jahre später herausgegeben.

Mit einem von mir erstellten Punktesystem gelang es, die Schüler an ihre Pflichten zu erinnern, um sie bei Verstößen nicht mit der vorgeschriebenen pädagogischen Maßnahme der Senatsschulverwaltung zu konfrontieren.

Nicht immer gelingen beste Absichten, so machte ich mir die Mühe, alle Schüler stets nur mit dem Vornamen anzureden. Wir hatten seinerzeit die Klassenstufen sieben, acht und neun auf sechzehn Klassen verteilt zu je zweiunddreißig Schülern. Dabei mussten teilweise Namen verschiedenster Nationen erlernt und jeweils fehlerfrei zugeordnet werden. Ich empfand das als pädagogisch wichtig, weil sich daraus eine einfache menschliche Beziehung ergab, das gesamte Arbeitsklima erleichterte und vor allem in Konfliktsituationen entspannend wirkte. Und dennoch ergab sich ein negativer Vorfall: Eine deutsche Mutter, verheiratet mit einem italienischen Mann, beschuldigte mehrere Lehrer unserer Schule angeblicher „Ausländerfeindlichkeit", weil ihr Sohn nicht den von ihr erwarteten Schulabschluss erhalten hatte und im Gegensatz zu anderen Schülern stets nur mit dem Nachnamen angeredet würde.

Das war eine neue Erfahrung. Sie wollte einzig und allein die Verbesserung mehrerer Zensuren, um doch noch ein Abschlusszeugnis für ihren Sohn zu erhalten. Dieser Versuch ging dann aber doch zu weit, er scheiterte und wegen bösartiger Unterstellung hätte es normalerweise sogar ein Nachspiel geben können.

Seinerzeit wurde sehr gern von „Ausländerfeindlichkeit" gesprochen, wenn es darum ging, sich persönliche Vorteile zu verschaffen, sodass auch einige Schüler ihre deutschen Mitschüler diesbezüglich beschuldigten, wenn nicht alles in ihrem Sinn verlief.

In zwei Doppelstunden pro Woche erhielten Schüler erste Hinweise zur Verarbeitung von Kunststoffen, ein Angebot, das es zum damaligen Zeitpunkt an keiner anderen allgemein bildenden Schule gab. Hilfsmittel standen für diesen Fachbereich nicht zur Verfügung, folglich wurde der Aufbau der Werkstatt mit erheblichem Zeitaufwand und finanziellen Eigenmitteln fortgesetzt. Als Gegenleistung blieben mir nervenraubende Unterrichtsstunden erspart, wie sie andere Kollegen durchstehen mussten.

Die Erfahrungen meiner früheren Berliner Jugendheimtätigkeit ließen sich jetzt anwenden, Schüler konnten nach jeder Unterrichtsstunde fertige Arbeiten ihres Fleißes nachweisen. Mit Fantasie wurden neue Modelle entwickelt, die dem Leistungsvermögen der Schüler entsprachen. Jede Überforderung hätte zur Ablenkung vom Unterricht beigetragen und ihre Verhaltensweise verändert.

Nach den ersten zwei Jahren konnte ich eine gebrauchte Tiefziehmaschine erwerben, was zur erheblichen Erleichterung bei der Herstellung neuer Modelle führte. Mit dieser Maschine ließen sich Polystyrolplatten im Vakuumverfahren mit einfacher Form (Patrize) tiefziehen. Zwischen der eingespannten Kunststoffplatte und der aufmontierten Patrize besteht ein Vakuum (Hohlraum aus Luft), durch die Zeitbestimmung der Schaltuhr ließ sich die eingespannte Kunststoffplatte durch den eingebauten Heizstrahler erhitzen und damit formbar machen. Nach Absaugen des Vakuums nahm die erhitzte Kunststoffplatte die Form der Patrize an und konnte nach Erkalten des Materials durch Gegenblasen getrennt werden. Im Rahmen der Grundsanierung der Schule wurde seitens des Schulamtes die bisher provisorisch von mir eingerichtete Werkstatt mit neuer Inneneinrichtung versehen.

So erhielt das „Kunststoffstudio“ auch eine manuell zu betreibende kleine Spritzgussmaschine. Es wurden verschiedene Hohlformen für den Guss (Matrizen) mitgeliefert. Mit dieser Maschine ließen sich ergänzende Teile zu den herzustellenden Produkten in wenigen Sekunden durchführen. Die Spritzgussmaschine funktioniert, indem Kunststoffgranulat in den Trichter eingeschüttet, durch einen Kolben zum Heizkörper geschoben und im zähflüssigen Zustand erhitzt in die aufgespannte Matrize gedrückt, also gespritzt wird. Nach dem Erkalten kann der entstandene Spritzling aus der sich trennbaren Matrize entnommen werden.

Die Aufbauphase des „Kunststoffstudios“ ermöglichte nur geringfügig meine eigene künstlerische Arbeit. Insofern interessierte der Kunstunterricht in den zehnten Klassen, in dem Formen im von mir technisch vorbereiteten Baukastenprinzip zu unterschiedlichsten Ergebnissen führten.

Die Grundkonstruktion bestand aus einfacher geometrischer Form mit Passlöchern, die in verschiedenen Größen aus tiefgezogenem Polystyrol erstellt waren. Ergänzende Plattenzuschnitte bildeten eine Kreuzverbindung und ermöglichten das Anpassen des Gegenstücks. Dünne Rundstäbe bestimmten am äußeren

Rand das Volumen des Körpers. Einzeln unterschiedlich proportional erstellte Bauteile ließen sich kombinieren und verbinden. In diesem Kunstunterricht galt es, konstruktive Elemente herzustellen, die sich zu figürlicher und tierähnlicher Darstellung erweiterten. Nur höhere Klassenstufen konnten derartige Formungen durchführen.

Vergleichsweise ließ Rudolf Belling in der Technischen Universität Istanbul von seinen Architekturstudenten maßgenaue geometrische Formen herstellen, die, später zusammengefügt, das Gebäude ihrer Technischen Universität ergaben.

Der Kunstunterricht in grafischer Gestaltung richtete sich nach den Regeln Architektur, Proportion, Form und Kontrast, die sich als Einheit im Bild zusammenfügten, ohne sich von anzuwendenden Materialien beeinflussen zu lassen. Die Form entwickelt sich aus der geraden Linie, die leicht verändert die erfundene Grundform bestimmt. Diese Grundform ermöglicht die Darstellung einer proportional geordneten Fläche. Der Kontrast entspricht dieser Fläche, wird aber farblich gesondert entwickelt. Die Zusammenfassung aller Elemente ergibt die Einheit des Bildes, wobei das Detail formal ergänzt wird. (Abb. 32)

Die Ölkrise der siebziger Jahre veränderte auch das Bild unserer Schule. So wurde das zehnte Schuljahr eingeführt mit gleichzeitiger Möglichkeit eines Realschulabschlusses für fleißigere Schüler.

Das Lehrerkollegium reduzierte sich, es gab Versetzungen an andere Schulen, um den aufgetretenen Schülermangel auszugleichen. Es kamen aber auch neue Lehrkräfte hinzu, weil bestimmte Fächerkombinationen laut Rahmenplan den Schülern angeboten werden mussten. Während dieser Umstrukturierung gab es verschiedene politische Meinungen, die nicht unbedingt positiv auf den gesamten Schulbetrieb einwirkten. Der gesamte Schulbetrieb hätte auf längst überholte „alte Zöpfe" verzichten müssen, was leider nicht geschah. Für den allgemein bildenden Schulunterricht wären die Erkenntnisse aus der organisierten Gliederung des

Bauhauses angebracht, um damit für alle eine wertvolle Lebensgrundlage zu schaffen.

Die Mehrheit der Lehrkräfte war sich aber darin einig, dass ein sehr guter Organisationsplan für alle Beteiligten persönliche Vorteile brachte. Somit konnten auch erforderliche pädagogische Maßnahmen erfolgreicher sein und schwächeren Schülern zusätzliche Angebote gemacht werden. Es gab nachmittags eine sehr hohe Anzahl Angebote von Arbeitsgemeinschaften, kurz AG genannt, die mehr oder weniger von den Schülern angenommen wurden, da sie freiwillig waren.

Überraschend bekam ich vom zuständigen Stadtrat für Volksbildung das Angebot, für den ausscheidenden Kunstamtsleiter des Bezirks die mögliche Nachfolge antreten zu können. Bei der ersten Kontaktaufnahme gab es eine weitgehende Übereinstimmung. Die daraufhin von mir erstellte Planungsunterlage sah als Schwerpunkte die Wiederbelebung der Freilichtbühne, die Errichtung von Bildhauerwerkstätten und wechselnde Sonderausstellungen in der Zitadelle vor.

Nach mehrmonatiger offizieller Stellenausschreibung ergab sich für mich als bisher alleinigem parteilosen Wunschkandidaten des zuständigen Stadtrats für Volksbildung ein Gegenkandidat. Ich spürte während des Vorstellungsgesprächs, dass die in der Mehrheit befindliche Partei keinen parteilosen Kunstamtsleiter wünschte. Eine Parteimitgliedschaft hätte aber meinen künstlerischen Bewegungsspielraum eingeschränkt. Es lag auch nicht in meinem Interesse, sich mit dem vorgesehenen „Kunstbeirat" möglicherweise über Qualitätsfragen zu streiten. So wurde der Gegenkandidat gewählt, der rückblickend das Beste aus der gegebenen Möglichkeit gemacht hat.

Der Unterricht in meiner gut ausgestatteten Schulwerkstatt ging also wie bisher weiter, wobei ich innerhalb des Schulbetriebs eine gewisse Selbstständigkeit erlangte.

Die zusätzliche Aufgabe, für vier Jahre als ehrenamtlicher

Richter bei einem Landgericht tätig zu sein, ergab interessante neue Erkenntnisse. Einmal musste das Schöffengericht sogar den Prozess unterbrechen, weil das Verfahren unangemessen vom Vokabular vergangener Zeiten belastet wurde. Dem Anschein nach irritiert, verzichtete der Kläger leichtfertig auf die Fortführung des Prozesses und nahm seinen Berufungsantrag zurück.

Diese Tätigkeit hatte auch Schattenseiten. Solange geistiger Hunger vorherrschte und finanzielle Einschränkung das tägliche Leben bestimmte, wurde mein körperliches Wohlbefinden nicht beeinträchtigt. Mit Beginn des Lehramtes und gleichzeitig künstlerischer Untätigkeit trieben unkontrollierte Einflüsse ihr Unwesen. Hier dies, dort das, rauchend nur den feinsten Pfeifentabak, dazu ein Cognac, übermäßig viel Bier und fettes Essen. Der Körper bekam das bisher Vorenthaltene in erschreckendem Maß zugeführt, was automatisch zum krankhaften Übergewicht führte.

Es folgte die Angst, sich dem entgegenzustellen, also das Gewicht durch Verzicht zu reduzieren. Mein Geist musste aktiviert werden und die Rückkehr zur Normalität befehlen, was folglich zur Einstellung des Rauchens und Trinkens führte. Der gesamte Ernährungsplan wurde verändert und damit nach folgender Richtlinie gelebt: ein Stück Vollkornbrot mit Magerkäse, ein Apfel oder sonstiges Obst zum Frühstück. Mittags verschiedene Salate und Geflügel. Nachmittags Joghurt und eine Orange. Zum Abend eine kleine Kartoffel, viel Gemüse und etwas Fisch oder gelegentlich Fleisch, aber nur bis zu 1200 kcal/Tag. Dieser Tagesverbrauch ist der Triumph des Geistes, denn er erlaubt dem Nichtraucher mit sportlichem Ausgleich zum Abend Bier in maßvoller Selbstbeherrschung.

Nach dem Triumph des Geistes über den Körper erneuerte sich auch die seit Jahren vernachlässigte Schachtätigkeit. So nutzte ich zeitweise die Möglichkeit, als Gast im örtlichen Schachverein zu spielen, aber nur so lange, bis die stark verrauchten Räume mich vertrieben.

Ich konnte inzwischen meine bereits 1950 erfundene Verteidigungsvariante ausprobieren, die mich schon während eines Thüringer Auswahlturniers bis ins Endspiel brachte, das seinerzeit allerdings verloren ging. In meiner Grundaufstellung ließ ich entgegen allen Schachregeln dem Gegner viel Spielraum und setzte meine Figuren folgendermaßen:

Kg8, Dc7, Ta8, f8, Lb7, g7, Sd7, e7, Ba7, b6, c6, d6, e6, f7, g6, h7

In dieser Aufstellung ließen sich für mich verschiedene Verteidigungsmöglichkeiten fortsetzen. Anders dagegen der Aufbau meiner Figuren während einer Simultanveranstaltung gegen den Exweltmeister von 1948-1963. Durch seinen Eröffnungszug ermöglichte mir Michael Botwinnik (1911-1995) die Anwendung der „Holländischen Verteidigung", die ich bereits seit 1951 aus seinem damaligen Weltmeisterschaftskampf kannte, und so ergab sich nach gut fünfstündiger Spielzeit im vierundvierzigsten Zug folgende Stellung:

Botwinnik
Weiß: Kg2, Dg3, Td6, Sg4, Ba2, b3, f3

Grosch
Schwarz: Kh8, Dh6, Tf6, Lc6 Ba5, b5, g7

Vielleicht hätte sich ein Remis ermöglicht, aber ein Flüchtigkeitsfehler brachte den Verlust meiner Dame und so gab ich auf. Der Exweltmeister hatte damit an allen fünfundzwanzig Brettern dieser Simultanveranstaltung zu Recht gewonnen.

Schachspieler von der Qualität eines Welt- oder Großmeisters sind bewundernswerte Menschen. Die Besten besitzen die geistige Fähigkeit, sehr viele Konstellationen – bei denen es nach jedem Zug fast unübersehbare Varianten gibt – jeweils in logischen Schritten weitgehend fehlerfrei zu überdenken.

Möglicherweise wäre es vorteilhaft, wenn demokratisch gewählte Präsidenten die „Besten dieser Zunft" in ein beratendes Gremium berufen würden, um unausgegorene Vorschläge verschiedenster Parteien oder Parlamentarier folgerichtig, tiefgreifend und zukunftsweisend ordnen zu lassen. Ein großer Anteil voreilig vorgetragener Gedankengänge erwiesen sich vermutlich schon sehr schnell als viel zu kurz gedacht. So aber gelten sie als „Eigenbrödler" und aus Unkenntnis wird ihre Tätigkeit als geistig viel zu anstrengend angesehen, als das man sich selbst ernsthaft damit auseinandersetzt.

Der normale Bürger sieht Schach noch nicht einmal als sportliche Tätigkeit an, obwohl der hochkonzentrierte Meisterschaftsspieler bei einem Wettkampf mehr an Kalorien verbraucht, als viele beliebte Sportarten es stets für sich in Anspruch nehmen.

Wenn in anderen Disziplinen von kluger Strategie und genialer Spielweise berichtet wird, dann gelten die Qualitäten des Schachspiels als beispielhaft. Dabei sollte der wichtigste Bestandteil, die Fairness, nicht unerwähnt bleiben: Denn auch bei bitteren Niederlagen reichen sich die Kontrahenten versöhnlich die Hand. Schon aus diesem Grund wäre es nach meiner Meinung pädagogisch sinnvoll, wenn spätestens ab dem neunten Lebensjahr Schach als Pflichtfach an allgemeinbildenden Schulen eingeführt würde!

Neues Leben 1979-1983

Das soziale Umfeld in den umliegenden Wohnblocks und erbauten Hochhäusern brachte zunehmend weniger Lebensfreude, sodass nach zweijähriger sonntäglicher Wohnungssuche eine geräumige Wohnung bezogen werden konnte. Diese lag im Zentrum zwischen Kurfürstendamm und Savignyplatz im vierten Stock mit Sonneneinstrahlung, Parkettfußboden und einer verglasten

Jugendstil-Schiebetür, die geöffnet zwei große Räume miteinander verband. Das Haus hatte zwar keinen Fahrstuhl, die Treppe aber sechsundneunzig Stufen und die hochschwangere Ehefrau konnte keine Umzugshilfe leisten. Der Umzug gestaltete sich für mich als Achtundvierzigjährigen komplizierter als ursprünglich gedacht. Ein neues Auto war gekauft worden, zudem bei der Heizungsumstellung von Kohleöfen zur Gasetagenheizung ein finanzieller Aufwand erforderlich. Durch die Umzugslast reichlich überstrapaziert, körperlich und finanziell erschöpft, kam es zum geistigen Kurzschluss. Eine große Anzahl der erstellten „zerlegbaren" Plastiken aus Gips entsorgte ich durch den Müllschlucker der alten Wohnung. Damit waren meine wichtigsten Arbeiten unrettbar zerstört, es verblieben als Nachweis lediglich einige Kleinplastiken und Fotos. Allerdings blieb der Kopf von 1960 in einigen Teilen unzerstört, einiges wurde somit gerettet, später restauriert und ist als Gipsmodell vorhanden.

Nach der Fertigstellung der neuen Wohnung war der Zeitpunkt der Geburt meiner Wunschtochter gekommen. Jahrelang beobachtete ich ein interessantes Phänomen: In meinem Umfeld bestimmte bei der Geburt eines Kindes ausnahmslos der Aktivere das gegenteilige Geschlechtsmerkmal des neugeborenen Kindes. So entwickelten sich zunächst nur Mädchen und erst später – als Frauen wegen nachlassender Intensität unbedingt ihre Bindung aufrechterhalten wollten – stellten sich Kinder mit männlichen Merkmalen ein. Der aktivere Teil der Beziehung hatte sich damit verändert und die Privatsphäre wurde dadurch sichtbar nach außen getragen. Diese aufschlussreiche Erkenntnis lässt an gegenwärtige und geschichtliche Intimsphären teilhaben.

Die Wohnung mit einer Grundfläche von hundertzwanzig Quadratmetern lag im Berliner Zentrum. Eine Galerie darin einzurichten, war nahe liegend und mutig zugleich, da sie im vierten Stock ohne Fahrstuhl gelegen war und jeder Besucher und ausstellende Künstler sich die Mühe des Treppensteigens unterziehen musste. Der Vorteil bestand darin, dass diese Galerie durch mein Lehrergehalt abgesichert war. Die Schulbehörde genehmigte jedoch nur zehn Stunden pro Woche als Nebenbeschäftigung, woraus sich für die Galerie eine verminderte Öffnungszeit ergab. Großformatige Bilder zeitgenössischer Modeströmungen ließen sich in günstiger gelegenen Galerien ausstellen, sollten also in der von mir eingerichteten Galerie keinen Platz haben; deshalb wählte ich die Bezeichnung „Bildhauergalerie" – Zentrum zeitgenössischer Kleinplastik. Die Entscheidung war nun zugunsten der Kleinplastik gefallen, die in der Regel ein Schattendasein führt. Kleinplastiken brauchten ein eigenes Forum – in Vitrinen gleichberechtigt nebeneinander ausgestellt. Mit einer eigenen Konstruktion entstand eine Ausstellungsfläche für zirka fünfzig Kleinplastiken von der realistisch figürlichen Darstellung bis zur abstrakten Formgebung.

Die nachfolgenden Elternpflichten verliefen in den ersten zwei Jahren normal, bis zu dem Moment, an dem meine Ehefrau mit meiner Tochter unverschuldet einen frontalen Autounfall mit Totalschaden erlitten und körperliche Schäden davontrugen. Sie waren Opfer des neuen Senatsbeschlusses zum Schutz der Straßenbäume geworden, der bei Glätte keinerlei Streusalz mehr gestattete. Mein Kind wurde zur Beseitigung des Angstschocks ein Jahr lang ganztägig anschmiegsam auf dem Arm getragen. Ein infolge des Unfalls drei Jahre währender Rechtsstreit mit der gegnerischen Versicherung ließ die künstlerische Arbeit in den Hintergrund treten. Lediglich materialtechnische Versuche blieben interessant, um z. B. an einer ein Millimeter starken flexiblen Kunststoffplatte fest haltbar Gips anzutragen. Die ausgesägte Silhouette des Tieres erhielt an der Übergangsstelle zum Volumen einen der Form angeglichenen Querschnitt. Danach wurde die Konstruktion mit elastisch haftbarem Klebstoff (Pattex) eingestrichen. Darauf ließ sich eine Masse aus Wasser mit Holzleim (Ponal) vermischt und Gips angerührt mit dem Pinsel auftragen.

Diese technische Fertigung war erforderlich, um kleine vorhandene Tierzeichnungen künstlerisch nach der Formgebung Fläche-Übergang-Volumen plastisch zu gestalten. (Abb. 33)

Der starke Kontrast zwischen einer fast messerscharfen Fläche innerhalb der Silhouette und der üblich gestalteten voluminösen Körpermasse des Tieres war derart unbekannt, dass ein erfahrener Bronzegießer – aus Sorge das Modell sei beschädigt – vor der Sandabformung an der Fläche noch ein viertes Bein anmodellierte. Der Logik entsprechend hatte das Tier nur drei Beine – in der Fläche ein Bein und im Volumen zwei Beine. Diese Handlung war zwar kurios, sie schmälerte aber ansonsten die Fähigkeit des Bronzegießers nicht. Er erstellte vorwiegend Rohgüsse. Bildhauer konnten ihre Arbeiten selbst ziselieren und patinieren. Leider gelang es durch den starken Kontrast vom Volumen zur Fläche nur unter Berücksichtigung hoher Fehlerquoten vereinzelt einwandfreie Bronzegüsse herzustellen, sodass sich die künstlerische Absicht nicht wie erdacht verwirklichen ließ. Dabei gab es auch die Situation, dass ich die „neueste" Erfindung einer jungen Bildhauerin „zerlegbare Plastik" nicht ausstellen wollte, was auf ihr Unverständnis stieß. Meine Zurückhaltung bezog sich auf die bereits 1959 von mir erfundene und realisierte eigene „zerlegbare" Plastik. Die junge „Künstlerin" kam mit ihrer Arbeit um fünfundzwanzig Jahre zu spät.

Während eines Besuchs in der Gießerei erhielt ich synthetisches Wachs als Probematerial, was zu einem neuen Experiment führte. In einem Glasgefäß befindliches Wachs wird im Wasserbad erhitzt und im gießfähigen Zustand auf eine mit Holzleisten umrandete glatte Kachel gegossen. Nach dem Erkalten ließ sich die Wachsplatte mit fließendem Wasser von der Kachel trennen. Die so entstandene Wachsplatte war biegsam, formbar und konnte mit dem Messer bearbeitet werden. Zunächst erprobte ich den Sockel für den Aufbau einer dreiteilig zusammengesetzten Figur. Den Hohlraum füllte ich mit Gips. Das gesamte Wachs-Gips-Modell ließ sich durch Schellack farblich angleichen. Der helmartige Kopf wurde deutlich sichtbar mit einer formalen Kerbe vom mantelförmigen Körperteil abgesetzt. Der Sockel, entsprechend dieser Form angepasst, ergab in Ergänzung dazu das Gesamtbild der neuen Plastik. Durch die Verschmelzung der unteren Extremitäten mit dem Sockel zu einer Plinthe (griech. Plinthos) erhielt die dreigeteilte menschliche Gestalt ihren Charakter mit dem Namen „Plinthos-Figur", obwohl sie weder Füße noch Hände besitzt, ist sie im herkömmlichen Sinn kein Torso, sondern ein schutzbedürftiges Menschenbild. (Abb. 34)

Um der Wachsplastik Stabilität zu geben, ließ sich das Selbstgussverfahren mit hitzebeständigem elastischen Silicon-Kautschuk (SI) anwenden. Kleinplastiken ließen sich im Metallgussverfahren bis zu einer kurzfristigen Temperatur von vierhundert Grad Celsius gießen. Obwohl die Kunststoffmasse Silikon wegen ihrer Elastizität bei der Abformung einer Vollplastik wenige Formteile verlangte, war doch eine genaue Planung erforderlich. Zunächst wurde ein Gießkasten angefertigt, dessen Fugen gut verklebt ein Auslaufen der flüssigen Gießmasse verhinderte. Damit die Masse sich später aus der Form trennen ließ, musste der Gießkasten und das Modell mit Trennwachs eingestrichen werden. Die Kautschukmasse wurde mit etwa zwei bis drei Prozent des Gesamtvolumens vom separat beigefügten Härter vernetzt, gut verrührt und in die Form gegossen. Etwa nach drei bis vier Stunden vulkanisierte das Gemisch und erlangte eine gummiartige Beschaffenheit. Nach Isolierung der Trennnaht wurde in gleicher Methode das Gegenstück abgeformt. Silikon und Metall waren sehr teuer, außerdem ließ sich in dieser Masse ein Vollguss mit Metall technisch nicht durchführen. Deshalb wurde ähnlich dem Bronzegussverfahren ein Kern eingebaut. Er wurde aus Gips erstellt und völlig ausgetrocknet eingebaut, um den bekannten Feuer-Wasser-Effekt zu vermeiden. Der Kern verblieb nach dem Metallguss im Körper der Plastik. Vor dem Metallguss wurden

sorgfältig Eingusstrichter und erforderliche Luftkanäle vorbereitet. (Abb. 35)

Das Metall besteht aus Nortons-Metall, einer Legierung aus
Blei (Pb), 36 %, und Zinn (Zn), 64 %, mit dem unteren Schmelz-
punkt von 180°C. Nach dem Guss wurde die neue Plastik ziseliert
und mit Essig eingepinselt. So bekam das hochglänzende Metall
eine zartgraue dunkle Patina.

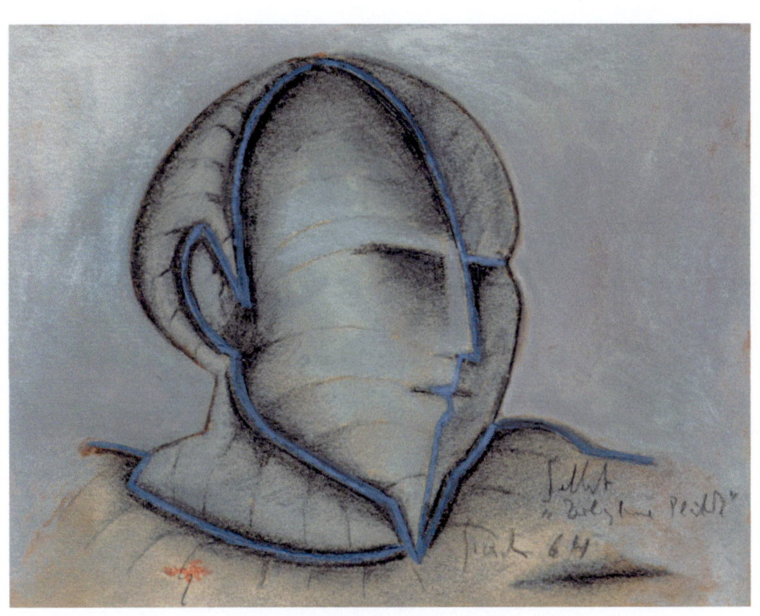

Abb. 28   Werner Grosch, Selbstporträt, 1964, Bleistift, Aquarell

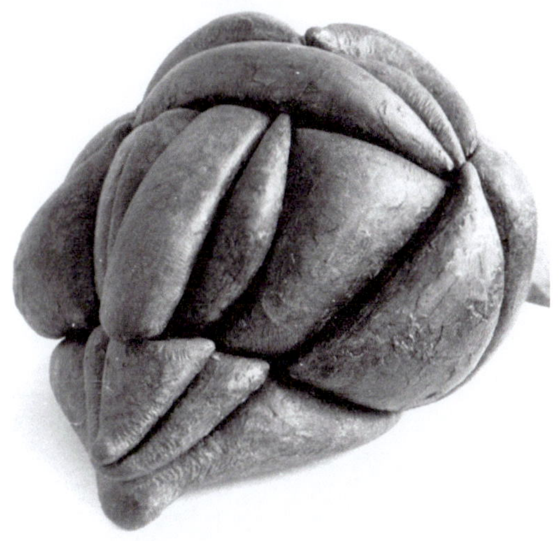

Abb. 29   Werner Grosch, Kopf, Zerlegbare Plastik, 1964

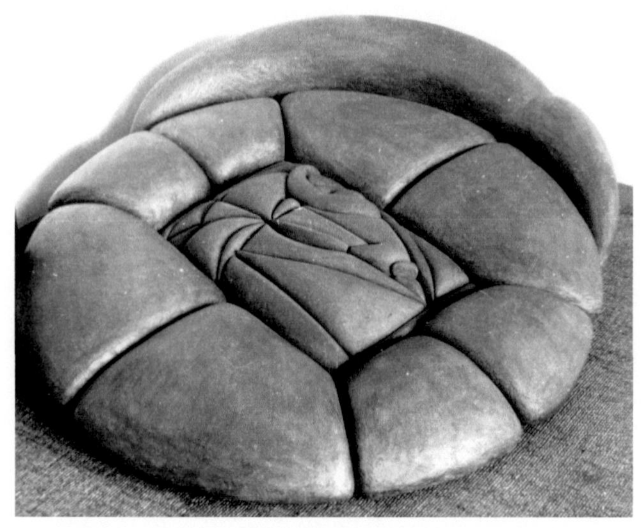

Abb. 30   Werner Grosch, Sich lösende Frucht, 1965, Gips

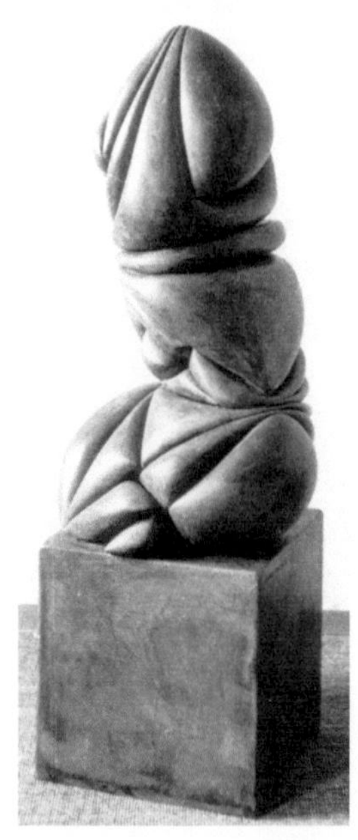

Abb. 31   Werner Grosch, Torso, 1966 / 67, Polyester

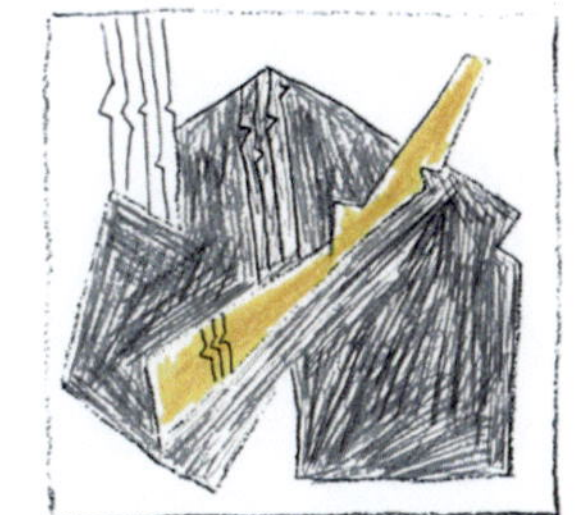

Abb. 32   Werner Grosch, Kunstunterricht, Analyse, 1975

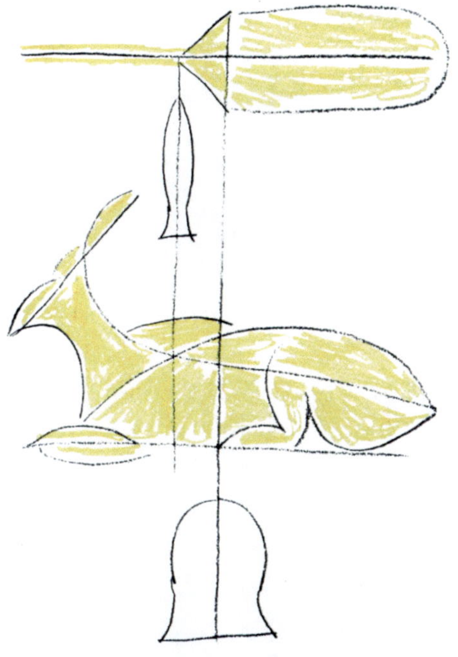

Abb. 33   Werner Grosch, Liegende Ziege, 1975

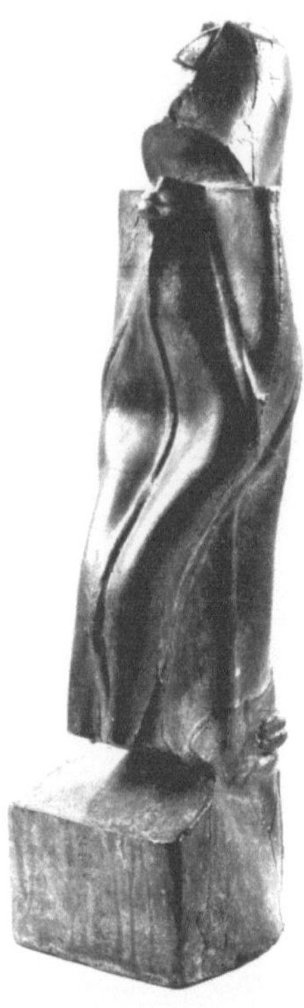

Abb. 34   Werner Grosch, Plinthos-Figur, 1983

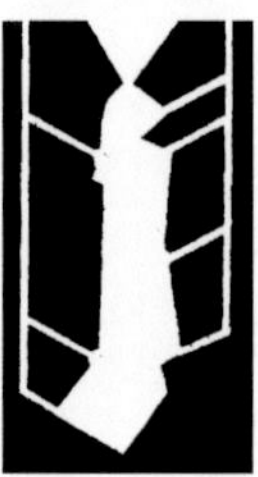

Abb. 35   Negativform aus Silikon

IV. Farbanwendung, 1983-2003

Erfindung des Europid 1983-1989

Mehrere im Selbstgussverfahren hergestellte handgroße „Plinthos-Figuren" waren für drei Monate in der Bildhauergalerie ausgestellt und so konnte ich die Arbeiten täglich selbstkritisch überprüfen. Anlässlich verschiedener Gedankengänge stellte sich die Frage nach einer Abwandlung der Anatomiestudie von Leonardo da Vinci (1452-1519), die mir bereits seit 1952 anlässlich seines fünfhundertsten Geburtstages bekannt war. Die im Kreis und Quadrat konstruierte Figur hatte zwar nur Thorax und Kopf, aber die Extremitäten (Arme und Beine) ließen zwei voreinander stehende Figuren vermuten, weshalb ich zwei der vier vorhandenen Beine farblich absetzte, sodass sich im Beckenbereich logischerweise die Verbindung zweier Beine ergab.

Dadurch entstand eine Grundform, die sich in der Armpartie wiederholen musste. Das konnte wegen der anatomischen Vorgabe und des Gleichgewichts nur zur linken Seite hin geschehen. Das größte Problem galt der Verbindung der neu entstandenen Arme und Beine im Bereich des Körpers und der Frage, ob die Figur einen Kopf benötigte.

Da sich bildnerisches Denken vom literarischen Denken unterscheidet, verneinte ich das. Vielmehr musste sich die neu geschaffene Figur konsequent der bereits vorliegenden abstrakten Form unterordnen. Eine spitzwinklige Variante ermöglichte das und bildete somit die Grundlage zu einer neuen, wenn auch ungewohnten Sicht.

Entsprechend meines Wesens hatte ich eine eigenständige „Kunstfigur" – ohne den Einfluss modischer Zeitströmungen – erfunden. Unter Berücksichtigung bisheriger kunstgeschichtlicher Erfahrung war der wichtigste Schritt der Erfindung gegeben. Nun galt es, die erforderlichen Gestaltungsmerkmale von Architektur, Proportion und Form sowie die Notwendigkeit der Materialgerechtigkeit zu überdenken, um damit der gesamten Neufindung einen richtigen Zusammenhang zu geben. Dabei konnten sich konträr zueinander stehende architektonische Gliederungen ergeben – die Arme also übermäßig lang sein und damit die Verfremdung gegenüber der normal menschlichen Anatomie deutlich erhöhen, oder durch eine andere proportionale Betonung, in den Armen und Beinen, sich dem normalen Menschen nähern. Da die Figur keinen Kopf hatte, wurde die „anatomische Zwangsjacke" vermieden.

Die „Kunstfigur" ordnete sich entsprechend meinen Kenntnissen, sie ist im abstrakten Denken der Erfindung „zerlegbare" Plastik ähnlich ungewohnt und nicht für jedermann erfassbar. Deshalb brauchte die neue Entwicklung einen Namen, obwohl dieser in der Regel für Bildhauer oder Maler lediglich als schmückendes Beiwerk dient. Ich denke dabei an Paul Klee, der angeblich erst nach Vollendung seiner Arbeit den Titel bestimmte. Ich hatte das während einer Vorlesung in der Kunstakademie zumindest so verstanden. So dient vermutlich die Namensgebung dazu, den weniger geübten Betrachter zum Nachdenken anzuregen.

Meine Ausgangslage entsprach Leonardo da Vincis anatomischer Vorlage mit der Darstellung eines Menschen „europider" Gestalt. Es war also nahe liegend, die neu geschaffene anatomische Gliederung mit dem Merkmal „Europid" zu versehen und im Prinzip des Kontrastes Fläche-Übergang-Volumen aufzubauen, ähnlich der Darstellungsform aus dem Jahr 1975, welche bereits bei der „liegenden Ziege" zur Anwendung kam.

Dadurch erhält die Plastik ein wichtiges Spannungsverhältnis, das sich nur durch die Anwendung von Farbe steigern lässt. (Abb. 36)

Gelegentlich bringen Namensfindungen auch noch andere Dinge in Bewegung. Wegen meiner Vorliebe zur politischen Einheit Europas änderte sich mein Nachname und fand gleichzeitig eine Verbindung zu meiner Plastik.

106

Der Nachname Grosch wandelte sich zum „Ecu", als Münze seit dem 17. Jahrhundert bekannt und als vorübergehende Verrechnungseinheit europäischer Ausgleichszahlungen eingesetzt. Der Vorname Werner änderte sich zu Wyny, wobei ‚y' das ‚er' ersetzt. Für mich ist dieser Wandel nicht neu, denn bereits während meiner Schulzeit wurde ich stets Wyny gerufen. Alle späteren Arbeiten sind mit Wyny Ecu signiert, es besteht formal aus Halbkreis und gerader Linie.

Ich bin also Europäer und meine damals vorschulpflichtige Tochter spürte das. Sie empfand es als Beleidigung, wenn bei der Passkontrolle an der DDR-Grenze ihr Stofftier nicht beachtet wurde. Sie erstellte deshalb einen Fotoausweis mit der Unterschrift: Affe. Dieser kindliche Vorgang wurde von der Polizei ohne erkennbare Regung zur Kenntnis genommen, und so konnte die jeweilige Autoreise problemlos fortgesetzt werden. Es lag damals offensichtlich schon ein politischer Wandel in der Luft.

Als 1989 die Berliner Mauer fiel, hatte der Interessenverband Berliner Kunsthändler e.V. in der Orangerie des Schlosses Charlottenburg eine dreitägige Ausstellung mit Arbeiten der von ihnen vertretenen Künstler organisiert. Wir registrierten den überraschenden Vorgang der Grenzöffnung nur aus der Ferne und erwarteten interessierte Kunstfreunde aus dem anderen Teil der Stadt. Das blieb aber nur ein Wunschgedanke, stattdessen wurden euphorisch Graffitimalereien an der Mauer erstellt, die wegen des politischen Vorgangs noch heute als „Kunstwerke" bezeichnet werden.

Die Erfindung des „Europid" warf neue Fragen auf. Wie ließen sich bisherige Erfahrungen zusammenfassen und mit dem neuen Gedanken vereinen? Wie konnte die voluminöse Form der Zerlegbarkeit oder das Gestaltungsprinzip des Übergangs von der Fläche zum Volumen und möglicherweise sogar das System der dreiteiligen Plinthos-Figur zur Anwendung kommen? Die Finanzierung von Bronzearbeiten musste bedacht sein. Das Lehrergehalt deckte zwar die allgemeinen Lebenshaltungskosten, es gab aber noch Sonderausgaben; so erlernte meine Tochter seit ihrem vierten Lebensjahr privat das Geigenspiel, und meine Ehefrau ließ mit meinem Einverständnis Bronzeplastiken gießen. Die Gesamtsituation war deprimierend. Zusätzlich ergaben sich eheliche Unstimmigkeiten, weil nach dem Tod meines Vaters die nun allein lebende Mutter das kleinste Zimmer unserer großen Wohnung mit ihrem finanziellen Beitrag nutzen wollte. Obwohl bereits seit Jahren diese Planung im Raum stand und es keinen Grund einer Änderung des Vorhabens gab, gelang dieses nicht. Meine Mutter verstarb einige Jahre später außerhalb Berlins wohnend.

Die Frage nach dem Sinn, eine Galerie zugunsten anderer Künstler zu führen sowie die schulische Belastung, verhinderten die erforderliche innere Ruhe für eine eigene künstlerische Tätigkeit.

Der Bewegungsspielraum war wegen familiärer Aufgaben weitgehend eingeschränkt. Dabei konnte sich meine Tochter auf der der Sonne zugewandten Seite der Wohnung zwischen zahlreich vorhandenen Kakteen bewegen. Sie erhielt jede nur mögliche Unterstützung, denn sie bereitete mit ihrem Fleiß Freude. Es war deshalb verständlich, dass sie zur Verbesserung ihrer Sprachkenntnisse anstelle des üblichen USA-Aufenthalts lieber in Neuseeland die Schule besuchen wollte. Durch meine Galerietätigkeit konnte ich mehrere Kleinplastiken verkaufen und so ließ sich ihr Wunsch realisieren.

Gegenüber dieser weltumspannenden Beweglichkeit verblieb den Eltern nur das Hin und Her zwischen der Wohnung und dem seit 1970 in Spandau befindlichen Kleingarten.

Nach dem Ende meiner schulischen Dienstzeit stand ich auf der Schattenseite der Wohnung, im kleinsten Raum fast unbewegt, lediglich mit kreisendem Oberarm eine Malfläche erreichend. Aber allen Problemen zum Trotz reizten Ölfarben aus dem Besitz meines Vaters zu Farbversuchen, die zu einem Neubeginn führen sollten. Damit war die Entscheidung zugunsten der Malerei gefallen, denn das Thema „Europid" stand bereits als meine Erfindung fest, und im Preisvergleich mit der Plastik waren die Materialkosten wesentlich geringer. Langsames Trocknen und der ungewohnte Geruch der Ölfarben – ich schlief im gleichen Raum – strapazierte meine Ungeduld. Mich reizte die Vorstellung, aus käuflich erworbenen Farben ein Berechnungssystem zu erstellen. Ich experimentierte mit wasserlöslicher, geruchsfreier Acrylfarbe, die zudem in wenigen Minuten trocknete.

Unsere visuelle Farbempfindung besteht aus einer unübersehbaren Vielfalt von Mischtönen, die auf fünf Grundtönen – den bunten Farben Gelb, Rot, Blau und den unbunten Farben Schwarz und Weiß – basieren. So bilden die drei Grundfarben Gelb-Rot-Blau den Farbe-an-sich-Kontrast. Es ist allgemein bekannt, dass zwei Farben zu gleichen Teilen – also im Verhältnis eins zu eins – miteinander vermischt einen neuen Farbton ergeben. So entsteht aus Gelb und Blau der Farbton Grün, aus Rot und Blau der Farbton Violett, aus Gelb und Rot der Farbton Orange. Die allein stehende reine Farbe Blau und ihr gegenüberliegender gemischter Farbton Orange ergibt den Komplementärkontrast.

Ein weiteres Mischungsverhältnis Gelb und Orange ergibt den Farbton Gelborange und aus Rot und Orange entsteht der Farbton Rotorange, daraus ergeben sich im zugrunde gelegten zwölfteiligen Farbkreis ebenfalls gegenüberliegende komplementäre Farbtöne.

So weit die Theorie. Leider sind unter dem Angebot der Verkaufsprodukte Namen aufgelistet, die nicht unbedingt mit der Theorie übereinstimmen. Die Firmen haben sich auf das Verlangen der Laienmalerei eingestellt, wer eine Landschaft malen will, kauft den Farbton Himmelblau. Ob das alles letztlich zusammenpasst, wird dem „persönlichen Geschmack" überlassen – was aber auch bei anderen Bildern zutrifft. Es gibt kluge, kunstgeschichtlich bewährte Maler, die sich nicht nur auf ihr Gefühl verließen, sondern bestimmte Farben als Ausgangstöne nutzten. Daraus ergibt sich auch, dass die Farbenfabrik Schmincke, Düsseldorf, folgende Acrylfarben als Dreiklänge herstellte:

Neapelgelb – Zinnoberrot – Preußischblau

Echtgelb zitron – Echtpurpur – Coelinblau

Jeder Farbenhersteller führt seine Farben unter einer anderen Bezeichnung, so wird der Farbton Echtpurpur nicht von weiteren Fabriken produziert. Es wurde also experimentiert. Obwohl jeder Mensch ein anderes Farbempfinden hat, erwartet die Logik der Farben jedoch von den Dreiklängen Gelb-Rot-Blau, mit jeweils gleichwertigem Farbanteil, zunächst ein schmutziges Grau, das im Verhältnis von eins zu eins mit Weiß vermischt ein neutrales Grau ergibt.

Weiterhin gilt in der Malerei die Regel, dass zwei Farben im Bild nicht gegensätzlich wirken dürfen, sondern miteinander harmonieren, sich angleichen müssen. Das ist erreichbar, in dem z. B. der Farbton Orange eine kleine Zutat seiner Kontrastfarbe Blau erhält. Das Proportionsverhältnis bestimmt der Maler in Übereinstimmung mit dem gewählten Motiv. Mit einem Spachtel lassen sich die Anteile direkt aus der jeweiligen Tube entnehmen und ermöglichen so die technische Voraussetzung zur genauen Berechnung der Farben. Als Beispiel könnte ein Mischungsverhältnis von zwölf Teilen Orange und einem Teil Blau für den gebrochenen Teil der Farbmischung stehen, während der Blauton rein und ungebrochen bleibt.

Als Bildhauer bin ich kein Maler im Sinne unkontrollierbarer schwungvoller Gesten. Meine Vorgehensweise entspricht dem plastischen Denken, ähnlich einem Baumeister, der seinen Plan nach zuvor erstellter Berechnung ausführt. So wird das Bild skulpturähnlich empfunden. Die Formen bestehen aus der Kombination gerader Linien, die entweder durch Abknickung oder zu Kurven verändert sich zusammengesetzt formal ergänzen. (Abb. 37)

Das Hauptthema „Europid" bestimmt mit seiner Masse den architektonischen Aufbau, der sich auf einer breit hinziehenden Plinthe in Übereinstimmung mit der vorausbestimmten Form befindet. (Abb. 38)

Das Nebenthema „Wagen" entspricht formal der Figur und entwickelte sich durch die Angleichung zu gleicher Verfremdung. (Abb. 39)

Da eine Plastik aus Ton innen ein stabilisierendes Drahtgerüst haben muss, hat der menschliche Körper zum Halt seiner Weichteile ein Knochengerüst. Ich wandelte dieses Gleichnis ab, berücksichtigte diesen anatomischen Vergleich und fügte dem „Europid" entsprechend seiner Verfremdung die Form eines Drahtgerüstes hinzu und verlegte es sichtbar von innen nach außen. (Abb. 40)

Um die Saugfähigkeit des Malgrundes zu verhindern, musste die weiße Fläche mit Isolierer für Malgründe überstrichen werden, denn gemischte Farben durften nach ihrem Auftragen keine Veränderung ihrer Leuchtkraft aufweisen. Auf der isolierten weißen Leinwand ließ sich die Kohlezeichnung ausführen und notfalls mit einem feuchten Tuch korrigieren.

Die Malerei konnte ähnlich der Bildhauerei vonstatten gehen. Die vorgesehenen Farbflächen mussten in ihrer Anzahl der Farbberechnung entsprechen, das verhindert am Ende ein zurückbleibendes, unfertig gemaltes Loch, das in der Regel größte Probleme bereitet. Die berechneten Farben ließen sich auf einer weißen Kachel mit dem Spachtel mischen und dem Pinsel auftragen.

Die Gesamtgestaltung wurde bereits im Hinblick auf die Wahl der Farben getroffen. In meinen Bildern befinden sich drei Kontraste:
–   der Komplementärkontrast für bunte Farben
–   der Hell-Dunkel-Kontrast für Licht und Schatten
–   der Proportionskontrast für die Farbberechnung.

Entsprechend meiner Idee, wählte ich bei der Ausgangsfarbe Zinnoberrot nicht den direkten Gegenpol Phthalogrün, sondern dessen Nebenfarben – für das Hauptthema „Europid" damit Kadmiumgrün und für das Nebenthema „Wagen" Coelinblau. Beide Farben ließen sich im gleichen Mengenverhältnis mischen, sodass die Farbwerte logisch übereinstimmten.

Im engeren Sinn entwickelte sich daraus automatisch ein Hell-Dunkel-Kontrast, weil sich das Mischungsverhältnis der Farben durch proportional gestaffelte Farbzugabe verändert und damit Schatten, Zwischenton und Licht ergibt.

Für den farbigen Hintergrund wurden die bisher getrennt vorgenommenen Farbmischungen zusammengefügt und mit Titanweiß im Verhältnis eins zu eins aufgehellt aufgetragen, was zur Verbindung der bereits gemalten Formen von „Figur" und „Wagen" führte.

Der gleiche Vorgang galt für den Flächenanteil der unbunten Farben Schwarz und Weiß, die sich proportional der vorgegebenen Berechnung der bunten Farben anpassten. Die Ausgangsfarben Zinnoberrot und Schwarz blieben ungebrochen, sie wurden pur der Farbtube entnommen. (Abb. 41)

Das Thema „Europid & Wagen" entstand 1994 auf einer fabrikmäßig grundierten Leinwand. (Abb. 42)

112

In jeder neuen Arbeit bilden Thema und Form eine Einheit. Das Detail ordnet sich der Gesamtform unter.

Ist die geformte Nase einer „Kunstfigur" keine Selbstdarstellung, so ist es auch das Ohr oder der Penis nicht. An der lang gestreckten Proportion der Plastiken von Wilhelm Lehmbruck (1881-1919) ist das deutlich ablesbar. Die Gliedmaße sind wunderbar, fast hochgotisch lang gezogen, obwohl der eigene Körper völlig normal proportioniert ist. Weder sein Hals noch andere Gliedmaße stimmten mit den von ihm modellierten Plastikformen überein.

Aus dem Angebot einer Düsseldorfer Farbenfabrik ließen sich vier Dreiklänge für einen zwölfteiligen Farbkreis verwenden:

1. Helio-Echtgelb zitron
    Helio-Echtblau
    Permanentrosa

2. Indischgelb
    Chromoxidgrün feurig
    Permanentviolett

3. Zinnoberrot hell
    Permanentgrün hell
    Ultramarin dunkel

4. Krapprot
    Chromgrün hell
    Pariserblau

Aus diesen Dreiklängen sind Komplementärkontraste mischbar: Sechs Teile Krapprot und sechs Teile Chromgrün hell mit einem Teil Pariserblau gebrochen stehen der puren Farbe Pariserblau nur scheinbar gegenüber. In Wirklichkeit bilden sie eine farbliche Einheit. Leider verändern Firmen auch ihre Angebotsliste.

Während der Diskussion um das Holocaust-Denkmal in Berlin experimentierte ich an einem Bild mit dem Titel: Europid & Gelbes Zeichen. Es ging mir dabei weniger um das Thema als vielmehr um die formale und farbliche Vorausberechnung. Das „Gelbe Zeichen" erhielt mit der Form X seine intensivste Farbsteigerung. Es befindet sich im Wilhelm-Lehmbruck-Museum, Duisburg. (Abb. 43)

Die Ausschreibung des international bedeutsamen Holocaust-Wettbewerbs verlangte eine klug vorbereitete Gesamtvorlage der zuständigen Behörde, die mit großem Aufwand bis ins kleinste Detail ihre Vorgaben machte. Sie erstellte quasi ein „Schachbrett", auf dem Personen der Parteien, Gewerkschaften und sonstige Persönlichkeiten des öffentlichen Lebens erschienen, welche die Aufgabe einer Jury wahrnahmen. Eine derart zusammengesetzte Kommission wurde folglich als „hochkarätig" gepriesen. Wie stets üblich gab es vermutlich unterschiedliche Vorstellungen. Möglicherweise stuften sich einige als Könige oder Damen ein, die starrköpfige Türme oder unzuverlässige Springer fürchteten, sich selbst wichtiger nahmen, als sie es dem Auftrag entsprechend hätten sein dürfen. Nur so konnte es wohl möglich sein, dass die sorgsam von Vorprüfern ausgewerteten Kostenaufstellungen, die als Finanzierungsgrundlage des gesamten Vorhabens galten, weniger beachtet wurden.

Dieser „Lapsus" ließ Unstimmigkeit innerhalb der Jury vermuten. Von mir unterirdisch Angelegtes galt der „Erinnerung" und „Versöhnung" – wobei es jedoch unklug war, die Kostenvorgabe einzuhalten. Offensichtlich wollte die Jury „Gigantisches", koste es, was es wolle, und prämierte Entwürfe, die entgegen der Ausschreibungsunterlagen wesentlich überhöhte Herstellungskosten aufwiesen. Mit dieser arroganten Haltung wurden etwa fünfhundert Teilnehmer, die wettbewerbskonform handelten, um ihre

Chancengleichheit gebracht – was durch diesen erstaunlichen Vorgang den Wettbewerb ad absurdum führte.

Alle späteren Abläufe ließen nur erahnen, mit welcher Verbissenheit diese Sache vorangetrieben wurde, wobei eine Erhöhung der Herstellungskosten um das Dreifache des ursprünglichen Betrags sogar vom Parlament „demokratisch" legitimiert wurde!

Ein Wettbewerb dieses Umfangs ist stets problematisch. Auf dem Gelände ehemaliger Ministergärten präsentiert sich nun – zuvor im Modell nicht für jedermann erkennbar – paradoxerweise ein präzis ausgerichtetes Stelenfeld in militärgrauer Uniformität.

Holzplastik 1995-1997

Künstlerische Aktivität ist nicht mit einer normalen Tätigkeit vergleichbar. Entwicklungen dauern in der Regel sehr lange und geschehen nur in geringen Schritten. So reizte eine erdachte Form zur Herstellung einer Plastik.

Die holztechnischen Kenntnisse verwiesen auf Eschenholz, das hart und schnitztechnisch schwierig zu bearbeiten ist. Die Idee hatte sich im Kopf festgesetzt, ließ aber zunächst die Frage der Materialbeschaffung und den Ort der Ausführung offen. Da sich unser Schulhausmeister von der nachmittags stattfindenden Arbeit nicht belastet fühlte, konnte ich in meiner eigenen Schulwerkstatt arbeiten und im Sägewerk Eschenholz kaufen, das in sechzig Millimeter starken Bohlen vorhanden war.

Eine Holzplastik wird nicht aus einem Stamm geschnitzt, denn dieser ist feucht und würde während des langsamen Trocknens Risse bilden, damit bereits hergestellte Formen stark beeinträchtigen und möglicherweise die gesamte Arbeit gefährden. So wurde der rohe Aufbau der Plastik aus zuvor gehobelten Holzbohlen nach der Vorzeichnung mit der Bandsäge ausgesägt und mit Holzleim Teil für Teil zusammengesetzt. Die noch im Rohzustand befindliche Holzmasse wurde am Sockel mit einer Figurenschraube versehen und an der Hobelbank befestigt. Da die Schraubverbindung lösbar war, konnte die Plastik während der schnitztechnischen Bearbeitung gedreht werden.

Nach der Fertigstellung sollte die grobe Maserung des Eschenholzes besonders stark hervortreten. Während des Wachstums des Holzes waren weiche Sommerringe entstanden, die sich von den harten Winterringen unterschieden, und dieser biologische Vorgang ermöglicht reliefartige Strukturen, die sich mit einem Campinggasbrenner herausarbeiten ließen.

Die verbrannte Oberfläche wurde mit einer Stahlbürste gereinigt und mit bräunlicher Ölfarbe eingefärbt.

Eine weitere Plastik folgte mit fünfundneunzig Zentimetern Höhe aus Mahagoni, einem wertvollen, aus Übersee stammenden, rötlich braunen Holz. Es ließ sich gut schnitzen, denn die Maserung ist gegenüber dem heimischen Eschenholz weniger stark ausgeprägt. Um die Bruchgefahr des Holzes durch falschen Zuschnitt zu mindern, sind Armansatz und Körperanteil in entlanglaufender Maserung spitzwinklig verleimt. (Abb. 44)

Die Silhouette besteht aus der Kombination von abgeknickter gerader Linie sowie der Verbindung gerader und gebogener Linien und wurde nach dem Prinzip Fläche-Übergang-Volumen geformt. (Abb. 45)

Innerhalb des Plastikkörpers ordnen sich drei Formelemente der Gesamtform unter, die sich gleichzeitig wiederholen. Sie bestehen aus einer gebogenen Linie, bei den konkave beziehungsweise konvexe Formen im bildnerischen Sinn und in logischer Ordnung maßvoll abgestimmt sind.

Nach dem Schneiden mit dem Schnitzmesser und der Weiterbearbeitung mit Bildhauerraspeln – diese sind an ihren Enden gebogen – ließ sich die Oberfläche mit Nassschleifpapier glätten, beizen und mit klarem Lack vor Feuchtigkeit schützen. (Abb. 46)

Nach meinem Ausscheiden aus dem Schuldienst konnte ich die Schulwerkstatt zur Herstellung von Holzplastiken nicht mehr nutzen. Alternativ im Kleingarten zu arbeiten kam mir bei aller Liebe zur Natur nicht in den Sinn, denn in der Umgebung von Gartenzwergen ließ sich für mich keine Plastik realisieren. Folglich war ich dort selten anzutreffen. Verzweifelt suchte ich einen Lösungsweg zur Herstellung mehrerer großer Holzplastiken. Da diese Arbeiten aus Lindenholz sein sollten, lag ein Aufenthalt in der Rhön, dem Ort meiner bildnerischen Anfänge, nahe, und dennoch ergab sich die beste Arbeitsmöglichkeit an der Nordsee, mit vielen netten Menschen in unmittelbarer Nähe. So entstand trotz zeitlicher Begrenzung meines Aufenthalts viel Bewegung in unserem Familienleben, mit Berlin als Hauptwohnsitz.

Farbige Skulptur 1997-1999

Um größere Plastiken während meines Arbeitsaufenthalts außerhalb Berlins herzustellen, musste gute Planung vorausgehen. Die Wohnung in der Grolmanstraße blieb bei laufenden Kosten erhalten. Damit die Effektivität der Arbeit gewährleistet war, hatten Freunde in der Rhön zur Herstellung von Rohlingen aus Lindenholz bereits vorbereitete Zeichnungen erhalten.

An der Nordsee befand sich direkt am Deich ein Bauernhaus mit einer im ersten Stock gelegenen Wohnung von hundert Quadratmetern und einem ringsum verglasten, dreißig Quadratmeter großen Anbau, der zu ebener Erde lag – mit Zugang zum Pferdestall – und sich gut als Atelier eignete.

Hinter dem Deich erstreckte sich das breite Mündungsgebiet der Elbe. Das Land vor dem Deich nannte sich bis zum Kriegsende „Adolf-Hitler-Koog“, es wurde während des staatlichen Aufbauprogramms eingedeicht und später in „Dieksanderkoog“

umbenannt, wobei ich jetzt, entgegen damals gültiger Norm, als „entarteter Künstler" mein Unwesen trieb.

Der hundert Meter entfernt gelegene Deich reizte zum täglichen Fußweg durch das vom Herbst bis zum Frühjahr zugängliche Naturschutzgebiet. An einem breiten Priel entlanggehend, ließ sich nach tausendzweihundert Metern das Watt erreichen. Auf einer mit Maschendraht eingefassten Steinmauer konnte die Weite der Nordsee mit ihrer gebotenen Stille erlebt werden, was Gelegenheit zu ungestörtem Nachdenken ermöglichte.

Die Sommervögel hatten das Land verlassen, nur gelegentlich schreckte ein Hase aus dem hohen Gebüsch des gesetzlich geschützten Parks. Bei richtiger Einschätzung der Gezeiten von Ebbe und Flut war der Aufenthalt mehrerer Stunden möglich, denn das normale Hochwasser stieg nur zentimeterweise und bedeutete für Ortskundige keine Gefahr. So machte ich mittags den gewohnten dreistündigen Sparziergang in Gummistiefeln, der sich innerhalb zweier breiter Priele vornehmen ließ.

Die zuständige Verwaltung hatte den „Naturschutzpark Wattenmeer" mittels eines Maschendrahtzauns abgesperrt, um auf dem Deich lebenden Schafen den Zugang zu verwehren. Dieses Verbot rief den Zorn der Anwohner hervor, was um so verständlicher war, halten doch die Schafe seit ewiger Zeit die Grasnarbe des Deiches kurz, festigen ihn dadurch und erhöhen damit seine Sicherheit.

Im abgesperrten Dickicht der unberührten Natur vermehrten sich überproportional viele Hasen, die regelmäßig bei Sturmfluten im errichteten Maschendrahtzaun der „Umweltschützer" hängen blieben und ertranken. So zählte ich nach einer Sturmflut zweihundert tote Tiere.

Diese wurden von empörten Anwohnern eingesammelt und der Verwaltung als Nachweis sinnloser Bürokratie dargeboten.

Vernünftige Lösungsvorschläge der betroffenen Bevölkerung wurden jedoch ignoriert und durch eine weitere Absicherung mit Maschendraht beantwortet.

Im Landesinnern lag der Ort Marne mit guter Einkaufsmöglichkeit und nördlich, in einer gering bewohnten Landschaft, der Heimathafen der Krabbenfischer von Friedrichskoog.

Hamburg war innerhalb einer Autostunde erreichbar, mit direkter Verbindung über Hannover, Bad Hersfeld bis in die Rhön, und so ließen sich vorbereitete Holzrohlinge mit dem PKW abholen.

Die aus Lindenholz geschnittenen Figuren wurden zusätzlich bemalt, woraus sich vorab die Notwendigkeit einer Übereinstimmung ihrer Mengenanteile für Form und Farbe ergeben musste. Der „Europid" gliederte sich ähnlich der „Plinthos-Figur" dreiteilig, also mit einem formal angepassten Sockel, der eigentlichen Figur ohne Kopfanteil, aber mit der typischen Abknickung der Oberarme. Als Ausgangspunkt diente der Buchstabe R, dessen Grundform aus geraden, konvexen und konkaven Linien besteht. (Abb. 47)

Trotz dieser Vorgabe waren unterschiedliche Darstellungen möglich. (Abb. 48)

So mussten für das Gesamtkonzept vorab Untersuchungen von Nachbarschaftsfarben vorgenommen werden, wenn in logischer Anwendung die Tiefen der Plastik farblich anders behandelt sein sollten, als es für die Oberfläche vorgesehen war. So ergab sich die Frage: Wie verhalten sich Zitronengelb auf gebrochenes Gelb oder Hellblau auf Dunkelblau? (Abb. 49)

Wichtig wurde der „Intensitätskontrast", der sich aus komplementären Farbtönen im „Proportionskontrast" berechnen und mischen ließ. Die Mischung Echtgelb zitron und Coelinblau, gebrochen mit Echtpurpur, bildet den Gegenpol zu Echtpurpur. Die Ausgangsfarbe Echtpurpur, zu gleichen Teilen mit Weiß vermischt und etwas Grün gebrochen, ergab den „Komplementärkontrast".

Diese drei Farbtöne bilden mit dem helleren Rotton, als Nachbarschaftsfarbe zu Echtpurpur, den „Intensitätskontrast". In der Mengenverteilung waren damit die plastisch zu bemalenden

Flächen bestimmt. Ich setzte vorausberechnetes aufgehelltes Rot auf aufgehelltes Blau der gleichen Grundfarben und konnte so die Untermalung vornehmen.

Diese Analyse eines Bildes von Vincent van Gogh (1853-1890) erarbeitete ich einige Jahre zuvor nach einem Museumsbesuch. (Abb. 50)

Das in fünf Schichten verleimte Holz bildete den architektonischen Aufbau. Der einbezogene plastische Sockel ergab die breiteste Masse. Der Anteil der Beine erhielt drei Schichten, der Armanteil eine. Damit ließ sich die bereits bekannte Formgebung des Übergangs vom Volumen zur Fläche schnitzen. Der schwierigste Teil der Übergänge formaler Gleichnisse wurde mit flachen Bildhauereisen von vierzig Millimeter Breite geschnitzt.

Angeregt von Furchen dortiger Ackerflächen, die durch den Gegensatz tiefer Einschnitte und plastischem Volumen an die Formgebung „zerlegbare Plastik" erinnerten, erhielt die Holzplastik durch ein zehn Millimeter breites, verkehrt herum gekröpftes Hohleisen ihren eigenwilligen Charakter. Die geschnitzte Holzfassung wurde vor dem Farbauftrag weiß grundiert, isoliert und mit der vorausberechneten Untermalung versehen, die nach späterer Übermalung in den tiefen Schichten sichtbar blieb. (Abb. 51)

Eine neue Holzplastik wurde entsprechend der formalen Vorausberechnung des Buchstabens R mit dem zwanzig Millimeter breiten Schnitzmesser gearbeitet. (Abb. 52)

Ich hatte bei täglich stattfindenden Wattwanderungen ausreichende Zeit, über Kunst nachzudenken. So kamen mir bei meinen komplizierten Farbrechnungen viele der in den Museen und sonstigen Ausstellungen gezeigten Bilder in den Sinn. Erstaunt war ich stets über die Tatsache, dass ein einflussreiches Museum die simpel farbgerollte Leinwand eines amerikanischen Malers für sehr viel Geld angekauft hatte, obwohl diese Arbeit lediglich eine vergrößerte Farbstudie ist, die horizontal aneinander gereiht aus den Grundfarben Rot-Blau-Gelb besteht.

Die Vergrößerung einer Farbstudie ist einfallslos, sie kann sich aber für dekorative Werbezwecke eignen. Vermutlich ist dieser „Spaß" in Amerika und später in Europa missverstanden worden!

Wols, eigentlich Wolfgang Schulze (1913-1951), der mit seinen Bildern nach dem Krieg den „Tachismus" populär machte, wird von vielen „Künstlern" geschätzt und entsprechend in vielen Variationen plagiiert. Es ist deshalb nicht verwunderlich, dass diese Malweise im Kunstunterricht der Schulen auftaucht und in weit verbreiteter Form, kombiniert mit der Graffitimalerei, lediglich „künstlerischer Fehleinschätzung" dient. Andere Massenbewegungen erreichen aus Unkenntnis das Niveau international orientierter Volkskunst und sind folglich kein „Kunstmaßstab".

Stellt sich also die Frage: Ist Kunst eine Frage des „persönlichen Geschmacks"?

Die Nationalsozialisten initiierten 1937 die Ausstellung „Entartete Kunst". Sie bestimmten den „Geschmack" ihrer Zeit und verdammten in dieser Ausstellung die Bilder von Paul Klee, Plastiken von Rudolf Belling u. a. Beide hatten aber mit ihren Arbeiten neue Formen bildnerischer Darstellung erfunden. Pablo Picasso (1881-1973) erfand und malte ein Porträt bei gleichzeitiger Ansicht des Kopfes von vorne und der Seite und gestaltete damit ein Porträt völlig neu.

Sie sind Erfinder und damit wahre Künstler! Dagegen ist der „persönliche Geschmack" eine künstlerisch unbedeutende private Angelegenheit, die vor allem dann zur Gefahr der Kunst wird, wenn eine „politische Macht" daraus ihren „Kunstbegriff" bestimmt.

Die Mitläufer des damals „öffentlichen Geschmacks" waren also – genau wie in der heutigen Zeit – bestenfalls sehr geschickte Handwerker, die sich künstlerischer Techniken bedienten.

So ist auch das gegenwärtige Kunstgeschehen verworren: „Man stochert wie zu allen Zeiten im Nebel herum."

Wegen familiärer Unstimmigkeit und sich daraus ergebender Ehescheidung kam die vorzeitige Rückkehr nach Berlin in Betracht, ein Daueraufenthalt an der Nordsee auf Lebenszeit war nicht das Ziel, und so ergab sich ein neuer Wohnsitz in der Nähe des Schlosses Charlottenburg, am Wasser der nahe gelegenen Spree. Im Vergleich zur Wohnung an der Nordsee ist diese um die Hälfte kleiner.

Da bereits größere Arbeiten entstanden waren, ging es auch ohne Atelier. Nach intensiver praktischer Arbeit und der bei Wohnungswechseln üblichen Renovierung folgte die Zeit der Eingewöhnung mit der Nachbearbeitung nicht fertig gestellter plastischer Arbeiten, die ich in einem abgeteilten Raum meiner für mich viel zu großen Küche vornahm.

Ein bei Einräumarbeiten gefundener Rötelstift reizte die Fantasie an. Es entstanden in kurzer Folge mehrere Blätter, wobei sich das an der Nordsee geplante Thema „Europid & Tier" für eine neue Plastik anbot.

Vor der Herstellung gehen stets genaue formale und farbliche Planungen voraus. Ich kann einfach nicht anders beginnen. Formal gleichen sich Mensch (Europid) und Tier (Pferd) an. Hier sind lediglich die Proportionen verschoben. Beim „Europid" sind Arme und Beine lang gezogen, während beim Pferd die Beine kurz und stämmig sind.

Das Rückgrat beider „Plastikformen" besteht jeweils aus einer abgeknickten geraden Linie. (Abb. 53)

Das einseitig geöffnete Quadrat ist so veränderbar, dass sich daraus eine abstrakte Figur und – beides zusammengefügt – einen Reiter ergibt. (Abb. 54)

Damit sind bereits zwei bildnerische Erfordernisse erfüllt: Thema und Proportion. Nun muss ebenso konsequent die Übereinstimmung des Volumens geschaffen werden. Mensch und Tier werden formal gleichbehandelt. (Abb. 55)

Nach der Zusammenführung beider Formen ist die Veränderung der Proportion oder Form möglich. So kann sich das bisher parallel verlaufende Volumen einseitig verändern, aber jede Änderung ist gesamtbildnerisch zu berücksichtigen.

Da seit 1983 alle meine Plastiken einen einbezogenen Sockel haben, erhielt auch das Thema „Europid & Tier" einen solchen. (Abb. 56)

Die Größe meiner Arbeiten richtet sich nach der Transportmöglichkeit meines PKW, das ist bequem und erspart unnötigen Ärger. Es gibt aber im fortgeschrittenen Alter auch das Problem unvorhersehbarer Umstände.

So verzichtete ich leider auf das im Freundeskreis bisher vorbereitete Lindenholz. Der üblichen Not gehorchend, setzte ich die in Baumärkten erhältliche beiderseits geschliffene Mitteldichte Faserplatte (MDF) zur Herstellung des Reiters ein. Das Material ist gut zu sägen und zu verleimen, die schwierig zu schnitzende Laufrichtung des Holzes kommt bei der MDF-Holzmasse nicht vor. Die Oberfläche muss aber während der Schnitzarbeit, um Staubpartikel zu binden, feucht sein.

Nach genauer Berechnung ließ sich die Anzahl benötigter Platten in der jeweiligen Größe vom Händler zurechtschneiden. Für die weitere Bearbeitung bot sich während der Ferienzeit der Werkraum der Schule an, in der sich eine Absauganlage für Holzstaub befindet.

Mit dem Campinggasbrenner konnten im Arbeitsprozess entstandene Faserreste des Materials an der Oberfläche abgebrannt werden, so ergab sich gleichzeitig für die erste Farbschicht der Untermalung eine gute Haftung. Die erdachte Plastik wurde innerhalb der begrenzten Ferienzeit hergestellt und die Acrylbemalung in der Wohnung vorgenommen. (Abb. 57)

In der „KunstKammer" der Bildhauergalerie Plinthe haben diese Arbeiten ihr ständiges Forum, sodass sie von jedermann betrachtet werden können. Um Ausstellungsbeteiligungen bemühe ich mich nicht.

Wenn ich aus unvorhersehbaren Gründen keine tägliche Radtour entlang der Spree, dem Landwehrkanal, durch den Tiergarten zum Alexanderplatz mache, dann besuche ich den in der Nähe meiner Wohnung befindlichen Park des Charlottenburger Schlosses, der nach Überquerung der Spree am nördlichsten Rand an seiner naturbelassenen Seite erreichbar ist. Dort gibt es mächtige Eichenbäume zu bewundern, die vermutlich fast dreihundert Jahre alt sind.

Dieser Bereich des Schlossparks gehört offensichtlich zum besseren Teil, denn er wird nicht von „gestaltenden Händen" ornamental bearbeitet, wie es die Vorgaben der dort ehemals Herrschenden vorsahen und der damaligen Zeit entsprechend geschmacklich mit dem Schlossgebäude übereinstimmte. Heute wird dieser Teil entsprechend des Denkmalschutzes gepflegt und so erfreuen sich daran vorwiegend sonntägliche Besucher, die größtenteils von Touristen gestellt werden. Es ist deshalb nicht verwunderlich, dass an diesen Tagen der normale Naturliebhaber sich nur zeitlich begrenzt in unmittelbarer Nähe des Schlosses aufhält und sich lieber in den naturbelassenen Teil begibt. Es gibt dort einen Kinderspielplatz, der an Wochentagen sehr gut von Kindergartengruppen besucht wird. Die dort in der Nähe befindlichen mächtigen Bäume sind gleichzeitig auch „Zeugen der Zeit", denen leider keine Geschichten zu entlocken sind.

Insofern legte ich einmal meine ausgebreiteten Arme um eine dieser starken Eichen, damit ich ihr zumindest das Alter entlocken konnte. Sie verriet mir ihr Alter von ungefähr dreihundert Jahren, was mich derart beeindruckte, dass ich einer zufällig vorbeikommenden Kindergruppe dieses mitteilte. Die Kinder blieben stehen, sahen abwechselnd mit fragendem Blick die mächtige Eiche und mich an, schwiegen aber. Einer der kleinen Knirpse war wenig beeindruckt, denn er machte mit der Angabe seines Alters von fünf Jahren deutlich, dass er als Vorschulkind vermutlich schon bis zehn zählen konnte. Die Kindergärtnerinnen schmunzelten. Ich wünschte allen einen guten Tag und betrachte diese Eiche seitdem aus einem anderen Blickwinkel – sollte sie unser Gespräch möglicherweise verstanden und im Jahresring gespeichert haben?

Während die Unterrichtszeit bis zum Beginn der Ferienzeit gelegentlich sehr lang sein kann, reicht die Zeitspanne von Ferien zu Ferien für den künstlerischen Denkprozess nicht immer aus. Folglich beschränkte ich mich auf die Übersetzung einer Rötelzeichnung. (Abb. 58)

Die siebenundachtzig Zentimeter hohe Holzplastik ist ebenfalls aus MDF-Platten verleimt. Zwei unterschiedlich breite Bildhauereisen (zehn bis zwanzig Millimeter) waren formal so zu ordnen, dass der wichtige Umriss breit und der Zwischenraum mit dem schmaleren Messer geschnitten ist.

Das mitgestaltete Gerüst wurde der „europiden" Figur angepasst. Preußischblau und Goldocker sind als Komplementärfarben eingesetzt. (Abb. 59)

Kunst

entwickelt sich nur langsam
Blick für Blick

ein Blick nach vorn
zwei Blicke zurück
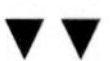

rückwärtsblickend geht es gut vorwärts

Wyny Ecu, 2003

In diesem Sinn arbeite ich weiter: analysiere und experimentiere, wobei mich laufende Neuerscheinungen „hypermodernster" Kunst nicht interessieren. Unzähliges bewegt sich auf Erfahrungen früherer Schaufenstergestaltung um 1955.

Dieser Umstand ist selbstverständlich unbefriedigend und kann aber aus Unkenntnis nicht mit dem „persönlichen Geschmack" gerechtfertigt werden. Dieser passt ohnehin besser zu den Mahlzeiten. Hier kann zwischen „Gebratenem" oder „Gekochtem" entschieden werden. So kann die überall auftretende Mehrheit sich der Esslust hingeben. Der „Geschmack" ist von der „Kunst" zu unterscheiden, die, dem Diktat der Gesetzmäßigkeit unterworfen, nicht so frei ist, wie von „Laien" gern behauptet.

Auch die gegenwärtige Kunstbemühung kann sich dieser Regel nicht entziehen. Früh entstanden meine Fragen. Sie ergaben sich aus dem Widerspruch zwischen offizieller und entarteter Kunst der damaligen Zeit. So sind Analysen die Grundlage meiner Kunstbetrachtung, dabei geht es um den nachvollziehbaren Aufbau und nicht – obwohl das in der Regel unüblich ist – nach dem jeweiligen Handelswert oder Bekanntheitsgrad dieser Ware. Künstlerisch tätig sein bedeutet nicht allein handwerklich gut oder dem Publikum gefällig zu sein. Jede Kunstgattung erwartet vielmehr neue Impulse.

Mit der Erfindung des „Europid" ist mir eine eigenständige „Kunstfigur" gelungen. Damit ist das Thema gegeben und keiner Modewelle zuzuordnen. Meine Arbeit entwickelt sich auf dem Papier. Hier wird zunächst die Form und später die Farbberechnung vorgenommen, wobei eine noch vorhandene Farbe als Ausgangspunkt dient. Dementsprechend erfolgen zum neutralen Grau mischbare Zukäufe. Farbenfabriken ändern gelegentlich ihre Produktpalette. So stellt die Düsseldorfer Firma Schmincke seit 2003 die Acrylfarbe Echtpurpur nicht mehr her. Das erfordert eine neue Zusammenstellung der Grundfarben zur Herstellung

126

des neutralen Grautons. Die Firma machte dankenswerterweise folgende Angaben:

Mischung zum Grau
1 Teil Kadmiumgelb hell Art. Nr. 13207
1 Teil Coelinblau Art. Nr. 13454
2-2,5 Teile Chinacridon Magenta Art. Nr. 13326

Mischung zum Violett
1 Teil Coelinblau
2-2,5 Teile Chinacridon Magenta

Mischung zum Grün
1 Teil Kadmiumgelb hell
1 Teil Coelinblau

Mischung zum Zinnoberrot
1 Teil Kadmiumgelb hell
2-2,5 Teile Chinacridon Magenta

Chinacridon Magenta (Art. Nr. 13326) entspricht dem ursprünglichen Echtpurpur (alte Art. Nr. 13339), bis auf eine höhere Pigmentkonzentration (dadurch tiefer im Farbton).

Zur Realisierung des Gesamtwerks erforderliches Material ist variabel und unterliegt dem eigenen Ermessensspielraum. Alle Elemente zusammen ergeben Arbeiten, die, konsequent durchgeführt, zu stets neuen Überraschungen führen.

Bei der Planung einer neuen Arbeit wurde ein Foto für ein in Holz zu schnitzendes Selbstporträt eingesetzt, wobei im künstlerischen Sinn zunächst Ordnung geschaffen werden musste. Die Fotografie diente lediglich als technisches Hilfsmittel und war vom finanziellen Aufwand abhängig. (Abb. 60)

Bei der Umgestaltung bestimmten Höhenlinien und tiefe Kerbschnitte die Formgebung, zudem war der anwendbare Farbanteil zu errechnen. Auf einige Details musste deshalb verzichtet werden. Wegen der abstrakten Form erhielt das Antlitz keinen direkten Fleischton.

Der Regelsatz eines Porträts lautet: „Der dargestellte Charakter bleibe erhalten".

Meine Arbeitsweise richtete sich nicht nach dem „persönlichen Geschmack" anderer. Die Form besteht aus zwei geraden Linien, die mit einem Bogen verbunden sind. Es galt, die entstandene Form auf die Ähnlichkeit des Darzustellenden abzustimmen.

Ein Relief besteht aus Höhen und Tiefen. Das Kerbschnittverfahren wurde angewendet, wobei neben den Tiefen auch Höhenlinien erhalten sind. Mit zwei Schnitzmessern unterschiedlicher Breite (zehn bzw. zwanzig Millimeter) ließ sich der holzgeschnitzte Teil in seiner typischen Struktur durchführen.

Die Bemalung errechnete sich aus dem Dreiklang: Neapelgelb – Zinnoberrot – Preußischblau. Die Farben, zu gleichen Anteilen vermischt, ergaben zunächst ein „dreckiges Grau", sodass im Verhältnis von 1:1 mit Weiß aufgehellt sich ein neutrales Grau mischte. Es galt, vorhandene Flächen (4) und Höhenlinien (3) zu berechnen. Bestimmend wurde der Komplementärkontrast aus den Farben: 6 Teile Neapelgelb und 6 Teile Zinnoberrot gebrochen mit 1 Teil Preußischblau für den Gesichtsanteil, und Preußischblau als purer Anteil für die Fläche der Bekleidung und der äußeren Umrisslinie.

Da die Mengenanteile 6 + 6 =12 ergeben, galt es drei weitere Formelemente 12:3 zu je 4:1 anzupassen. Die breiten Höhenlinien wurden mit 4 Teile Zinnoberrot und 1 Teil Preußischblau und einem geringen Zusatz von Neapelgelb angemalt. Der Hintergrund bestand aus dem gleichen Mischungsverhältnis der Farben Weiß (4) und Blau (1) mit geringen Zusätzen Neapelgelb und Zinnoberrot. Der Bart war im Verhältnis Preußischblau (4) und 1 Teil Weiß mit geringem Zusatz von Neapelgelb und Zinnoberrot vermischt, damit der Komplementärkontrast eingeordnet. Die Steigerung zum Intensitätskontrast ermöglichte die Nachbarschaftsfarbe von Preußischblau, in meiner Anwendung: Türkis (pur). Folglich fand damit die Steigerung im Bereich der Nase, des Mundes und wichtiger Gesichtslinien statt. (Abb. 61)

Das ist meine Analyse, die zuvor errechnet und konsequent angewendet wurde. Das Relief ergab sich automatisch und richtete sich nicht nach eigener Wunsch- oder Geschmacksvorstellung.

Gefällig zu sein ist nicht meine Aufgabe, sondern: „Es ist, wie es ist – ein Unikat".

Die Farbwahl richtet sich nach der Absicht künstlerischer Gestaltung und unterliegt damit dem „persönlichen Geschmack", womit es sich gefühlsbetont arbeiten lässt. Nach dem Farbgesetz verlangt die gewählte Ausgangsfarbe jedoch ein entsprechendes Mischungsverhältnis, das sich einige Maler klug zunutze machen.

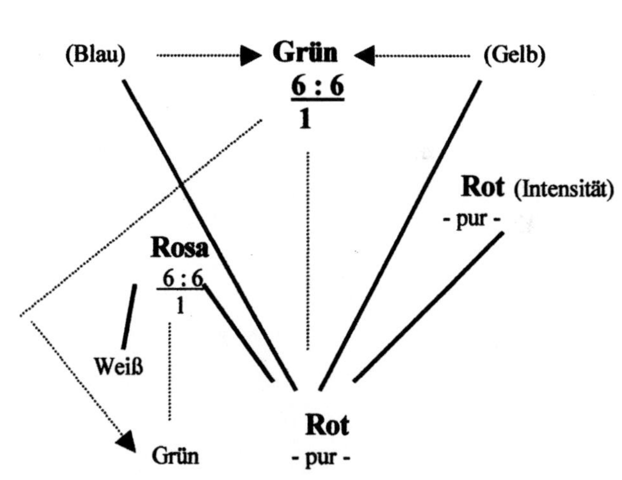

Wyny Ecu, Farbmischungen, 1990 – 2004

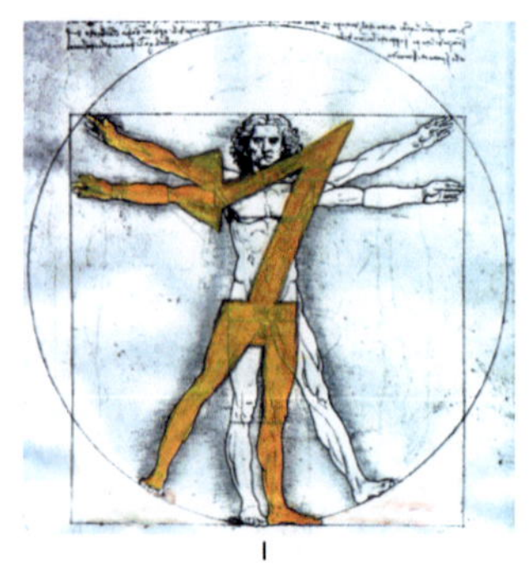

Synthese

Konzept		Primär
Plastik	sezieren	Studie
Formlinie (Außen) Volumen (stabil)	Umformung	(Innen) Knochen (labil) Muskel

Anatomische Neugliederung der Extremitäten europider Darstellung des Leonardo da Vinci

Skulptur

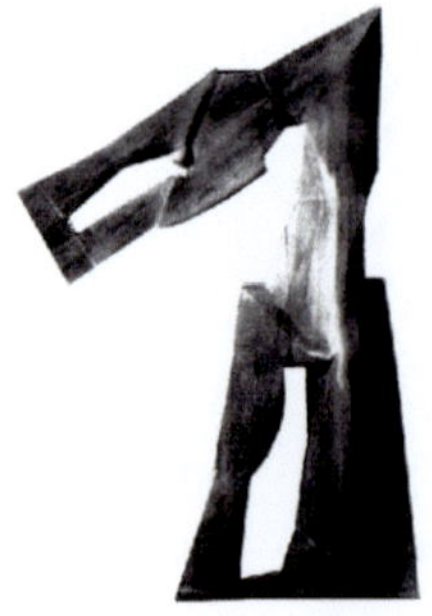

Abb. 36   Wyny Ecu, Urbild des Europid, 1983

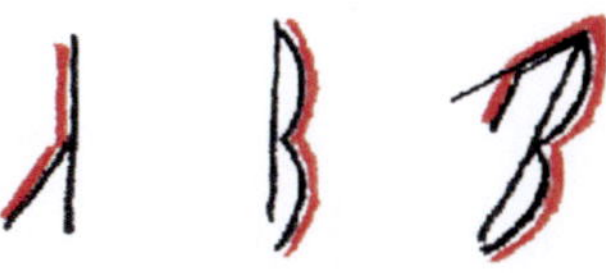

Abb. 37   Wyny Ecu, Euripid & Wagen, Grundformen, 1994

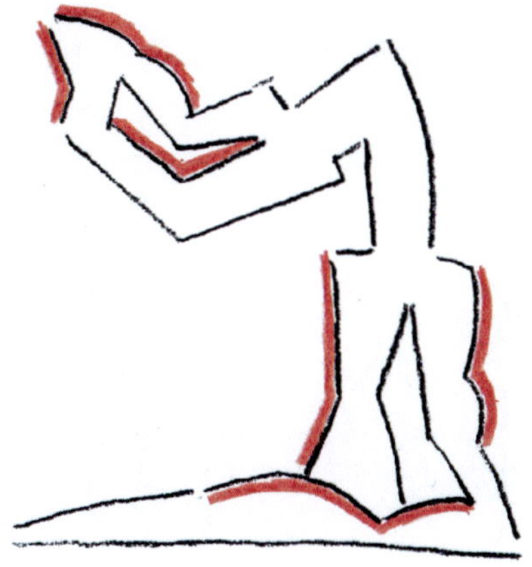

Abb. 38   Europid, Architektur, Proportion, Form

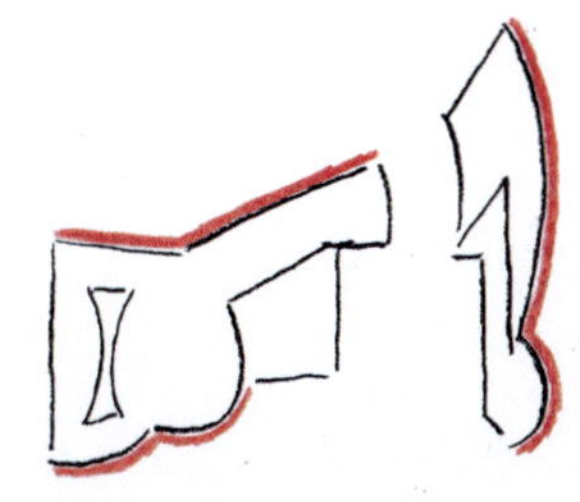

Abb. 39   Wagen: Formangleichung

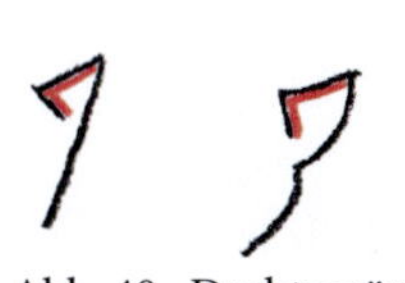

Abb. 40   Drahtgerüst

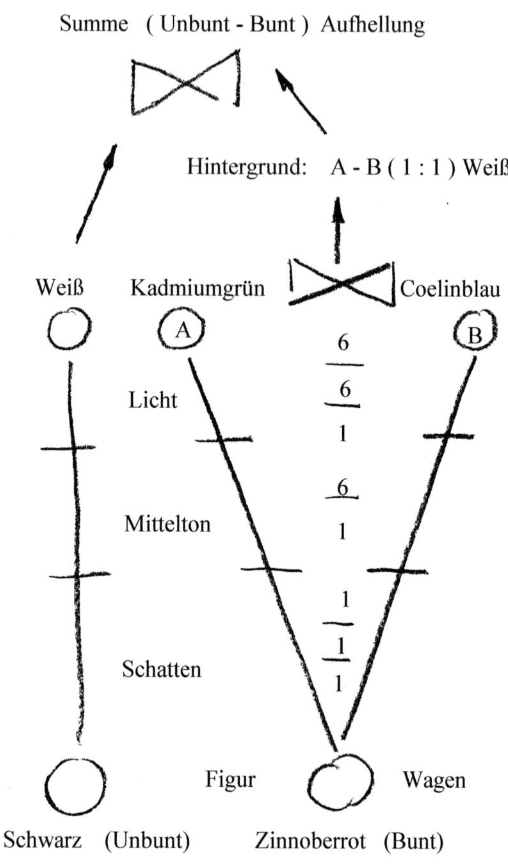

Abb. 41 Wyny Ecu, Europid & Wagen, Farbrechnung, 1994

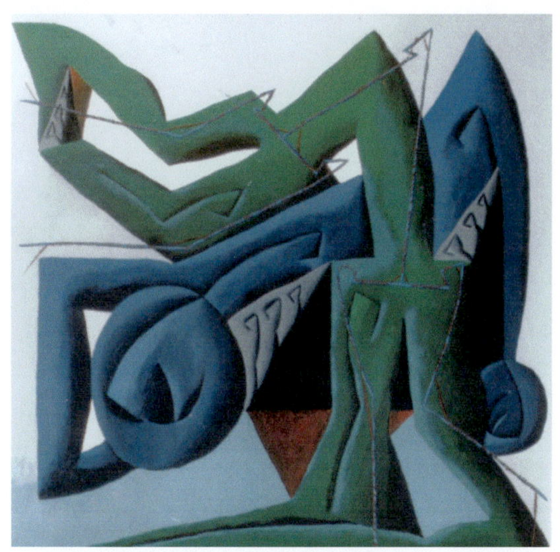

Abb. 42   Wyny Ecu, Europid & Wagen, 1994, Acryl

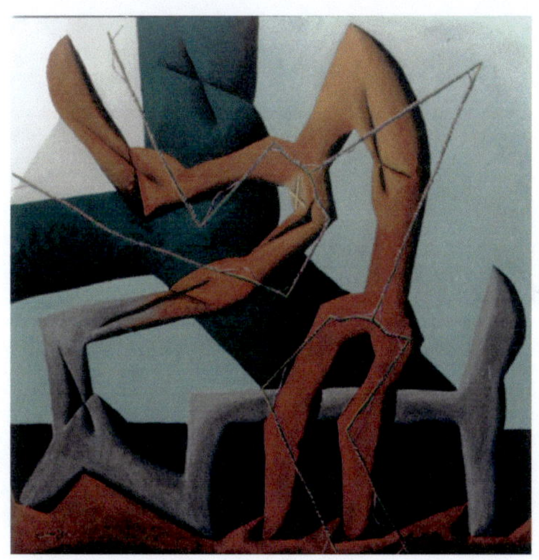

Abb. 43   Wyny Ecu, Europid & gelbes Zeichen, 1995, Acryl

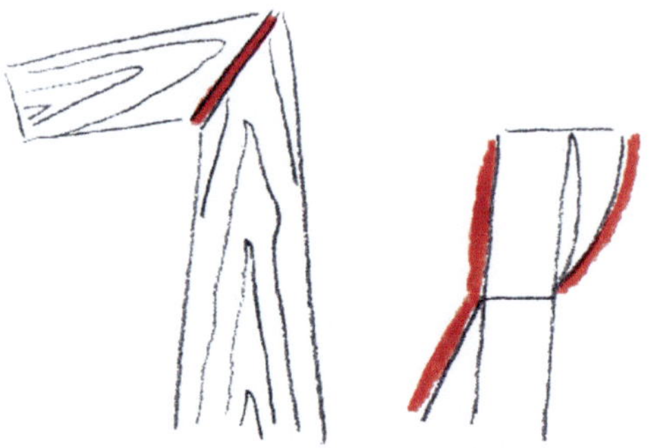

Abb. 44   Holzverbindung   Abb. 45   Bestimmung der Form

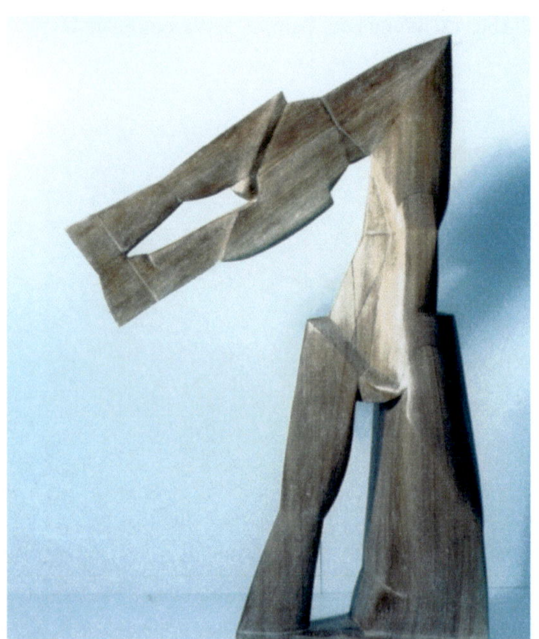

Abb. 46   Wyny Ecu, Europid, 1995, Mahagoni

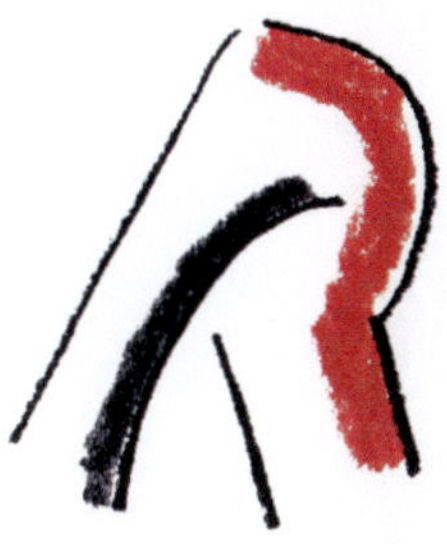

Abb. 47   Buchstabe R

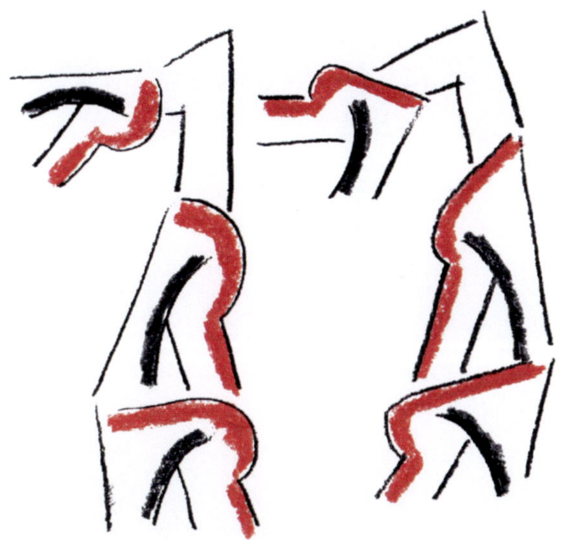

Abb. 48   Wyny Ecu, Buchstabe R, Figurengliederung, 1998

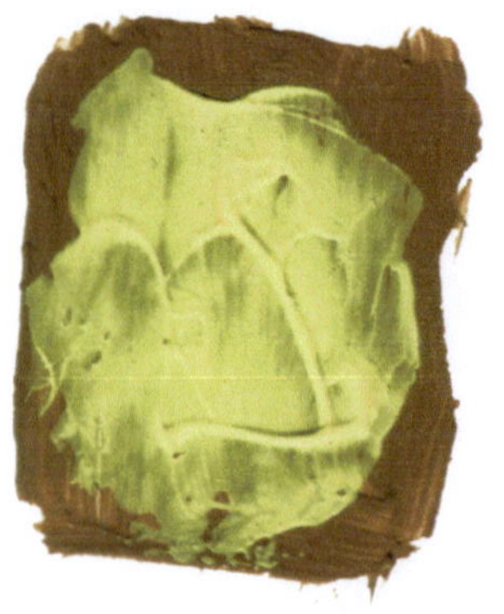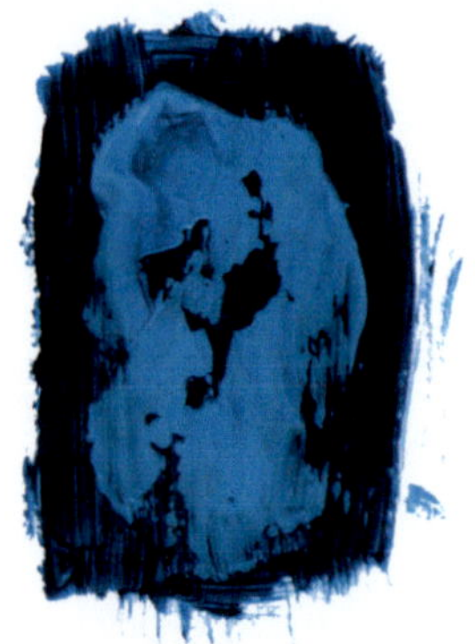

Abb. 49   Wyny Ecu, Farbstudien, 1998

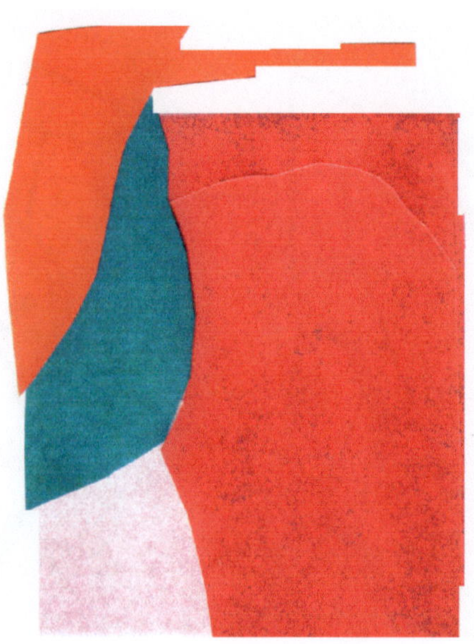

Abb. 50   Wyny Ecu, Farbstudie, Intensitätskontrast, 1998

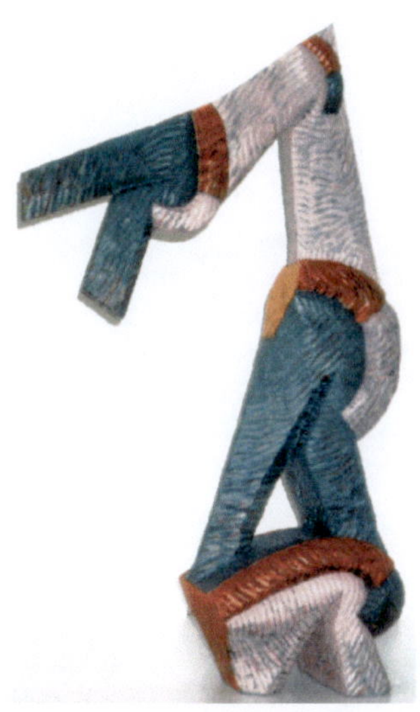

Abb. 51   Wyny Ecu, Europid III, 1998, Lindenholz & Acryl

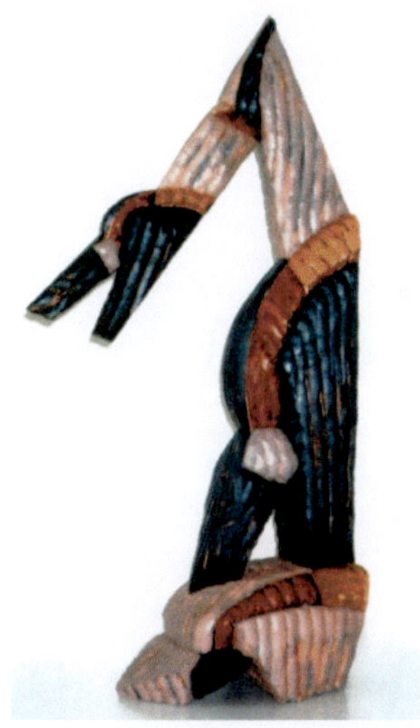

Abb. 52   Wyny Ecu, Europid IV, 1998, Lindenholz & Acryl

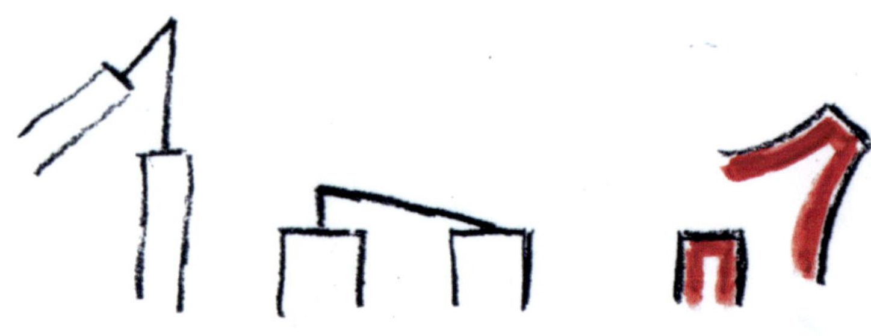

Abb. 53   Formengleichnis   Abb. 54   Architektur

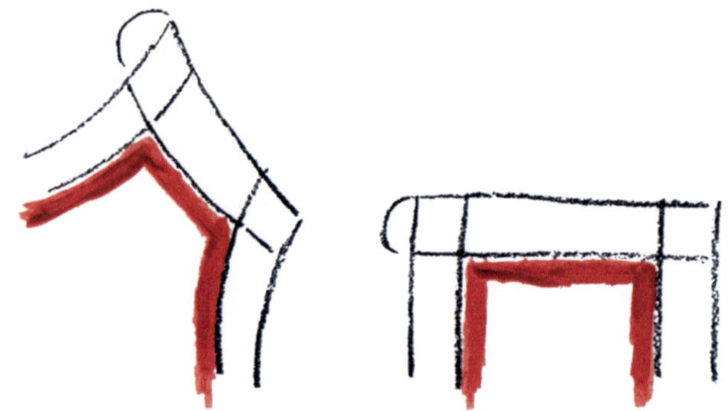

Abb. 55   Proportion

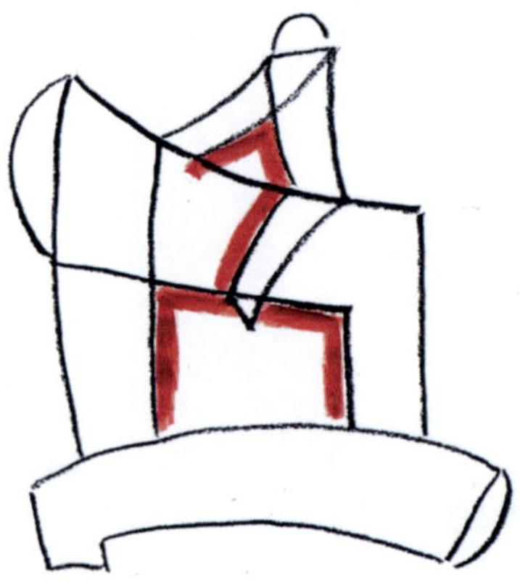

Abb. 56   Wyny Ecu, Europid & Tier, 2000, Studienblatt

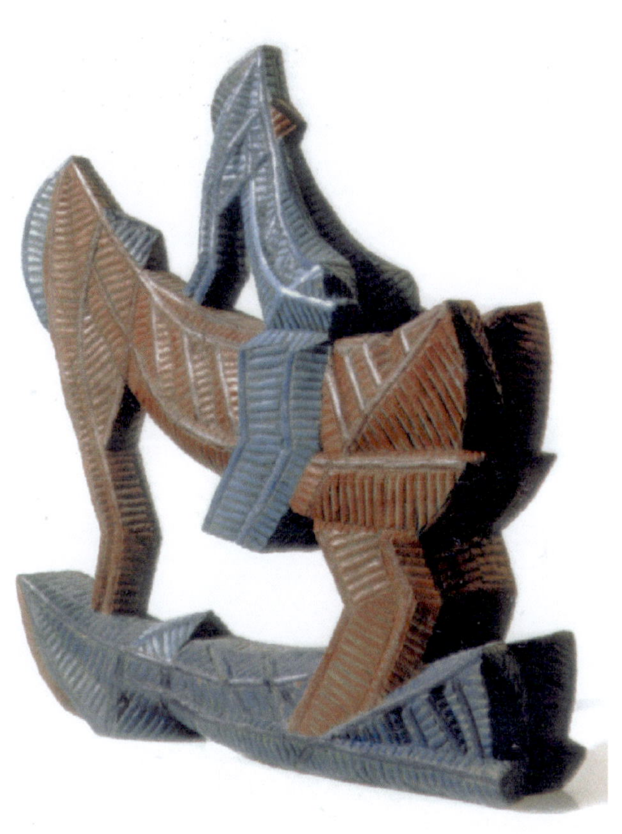

Abb. 57   Wyny Ecu, Europid & Tier, 2001, Holz & Acryl

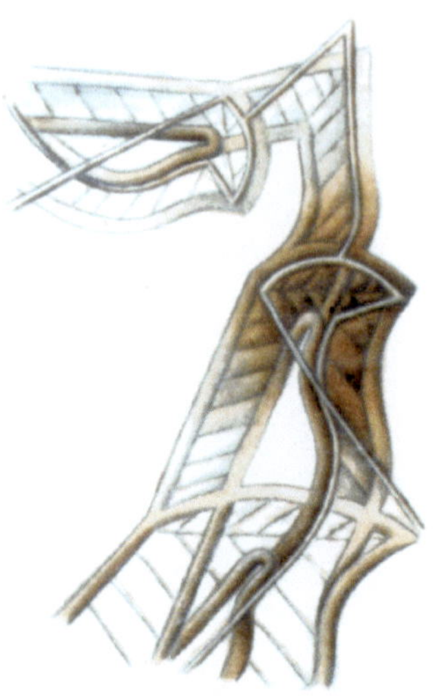

Abb. 58   Wyny Ecu, Europid, 2000, Rötelzeichnung

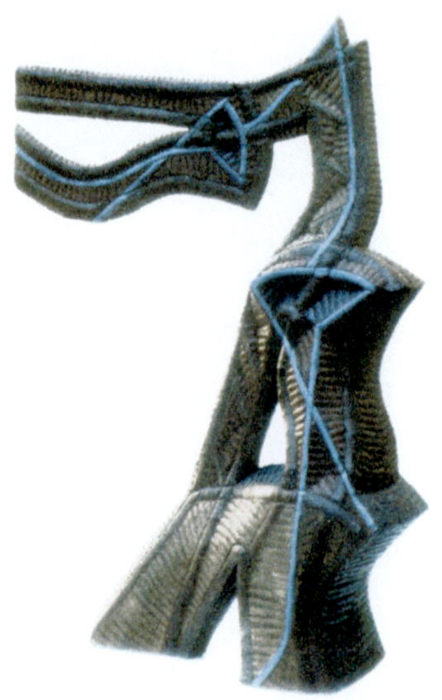

Abb. 59   Wyny Ecu, Europid, 2001, Holz & Acryl

140

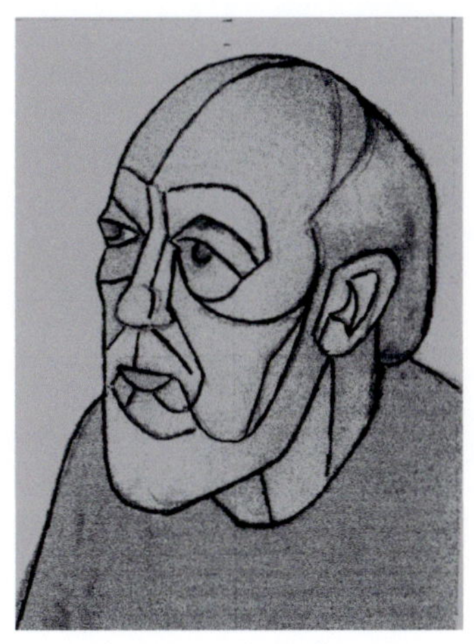

Abb. 60   Wyny Ecu, Papier über Foto, 2003, Formanalyse

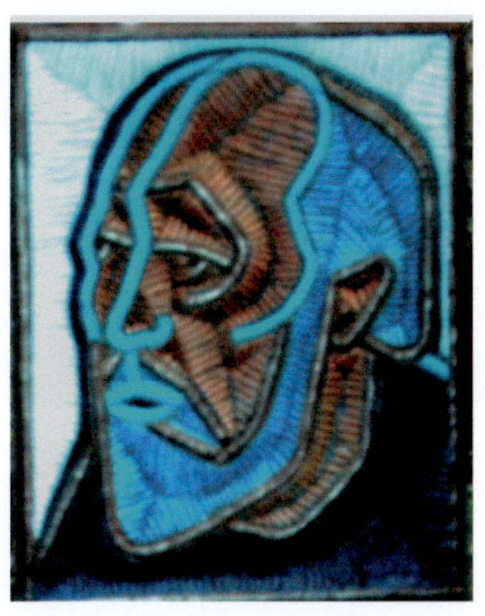

Abb. 61   Selbstporträt II, 2003, Holzrelief & Acryl

Register